합격의 비밀

초판 1쇄 찍음 2012년 1월 20일
초판 1쇄 펴냄 2012년 1월 27일

지은이 김홍시
편집 디자인 아르떼203
본문 그림 김동연(http://www.nimbus.co.kr)
인쇄 · 제본 한영문화사

펴낸이 김제구
펴낸곳 도서출판 리즈앤북

등록번호 제 22–741호
등록일자 2002년 11월 15일
주소 121–841 서울시 마포구 서교동 463–31 플러스빌딩 4층
전화 02)332–4037 **팩스** 02)332–4031
이메일 riesnbook@paran.com

ISBN 978–89–90522–73–3 13370

합격의 비밀

당신의 즐거운 노력이 당신을 성공의 길로 이끈다

김홍시 지음

리즈앤 북
ries & book

지금 이 순간에도 도서관에서, 독서실 또는 강의실에서 합격을
갈망하며 공부에 열중하고 있는 수험생들에게 조금이나마 도움
이 될까 싶어 이 책을 썼다. 필자의 입장에서야 나의 공부 방법이
최선이라고 자만하고 싶지만, 객관적인 평가는 받아 보아야 할 것
이다.

　　다만 한 가지 자부하고 싶은 것은, 나의 공부 방법은 나 개인
의 경험담이나 여러 사람이 중론으로 옳다고 생각하는 방법 또는
특정 합격자의 경험담이 아니라, 주로 실험적으로 검증을 거친 학
습이론에 바탕을 둔 것이다. 따라서 학습이론이 바뀌지 않은 한
이 책은 '공부 방법의 정석'이라 할 수 있다.

　　최근 히트를 친 서적 중에 일본 특정 기업의 성공 사례를 다
각적인 방법으로 분석, 제시하여 독자에게 호평을 받은 책이 있다.
기업을 경영하는 사람이나 기업 경영에 관심이 있는 사람들에게

많은 도움이 되리라고 믿지만, 사실 각 기업이 처하고 있는 상황은 모두 다르다. 따라서 그 특정 기업과 전혀 다른 상황일 경우, 같은 방법을 그대로 적용하는 건 무리일 것이다. 게다가 그 특정 기업에 적용한 경영상의 방법들이 다른 기업에 똑같은 성과를 낸다는 보장이나 근거도 없다.

공부도 마찬가지이다. 공부법에 관한 많은 책들이 있다. 그 책들이 학습이론에 바탕을 두지 않았다면, 아무리 그럴 듯한 수식어로 치장하더라도 특정 개인의 성공담일 뿐이다. 참고할 수는 있으나 독자 자신에게 적용하는 데는 무리가 있을 수 있고, 또 변형하기 어려운 면도 있을 것이다.

이 책은 공부에 필요한 학습이론을 소개한 부분이 많으므로 그 이론을 변형하여 각자 처한 상황에 맞추어 응용할 수 있다. 중간 중간에 나오는 개인적인 경험담이나 사례들은 학습이론을 쉽게 이해시키기 위한 양념일 뿐이다.

또한 이 책은 교과서처럼, 또는 소설처럼 처음부터 끝까지 읽을 필요가 없다. 책을 들추어 보아 눈에 띄는 제목이 있으면 해당 부분을 읽어 보고, 덮어 두었다가 또 심심할 때 내어서 맘에 드는 제목을 찾아 읽으면 된다.

중학 입시, 고등학교 입시, 예비고사(요즘의 수능), 대학 입시,

대학원 입시, 사법시험 등을 거치면서 필자 또한 많은 시간을 수험공부에 시달렸다. 그러다가 시간 부족에 쫓기어 읽어 본 학습이론이 크게 도움이 되어 이를 신봉하게 되었고, 이로 인하여 합격의 기쁨을 누렸다. 좋은 이론을 묻어 두기보다는 쉽게 풀이하여 소개하는 것은, 합격에 목말라 하며 귀중한 인생을 불태우고 있는 수험생들에 대한 선 경험자로서의 의무라는 생각도 든다.

이 책을 읽는 독자 여러분이 이 책에 소개한 학습이론에 따라 꼭 합격의 영광을 누린다면, 저자로서는 졸저를 세상에 내보낸 보람을 느낄 것이다. 부디 합격의 영광을 누리고 성공하는 인생을 만들기 바란다.

2012년 저자 김홍시

차 례

A good beginning
is half the battle.

협정의 비밀

001

합격의 비밀을 가르쳐주마!!

수능·정시 등 대입 시험, 공인중개사·주택관리사·변리사·세무사·법무사·사법시험 등 자격시험, 일반직 공무원·경찰공무원·소방공무원·9급 공무원 등 공무원시험, 교원임용고시, 사기업 취업시험 등 각종 시험에 합격하는 게 가장 쉽게 성공하는 방법이고, 또 가장 확률이 높은 성공 방법이다.

　누구나 이를 알기에 열심히 공부하는 것이다. 그러나 그럼에도 불구하고 불합격하는 것은 내가 다른 이들보다 머리가 나빠서인가? 그렇지는 않다. 어떤 시험을 치더라도 누군가는 붙고 누군가는 떨어지게 예정되어 있으니, 누군가는 반드시 떨어져야 한다. 그 떨어지는 누군가가 당신이라면, 떨어지는 이유를 곰곰이 생각해 봐야 할 것이다. 그 속에 합격의 길이 열려 있다. 모두가 똑같은 방법과 똑같은 노력을 기울인다면 머리가 좋은 사람이 합격하겠지만, 공부하는 방법도 다르고 기울이는 노력의 정도도 다르기 때문에 내가 떨어졌다고 하여 나의 머리가 나쁘다고 단정할 수 없다.

사법고시에 합격하여 5년 정도가 지났을 때쯤이었다. 그때 나는 지방에서 공직생활을 하고 있었는데, 어느 날 대학 동창이 찾아왔다.

그는 수일 전에 사법고시에 실패하여 방황하다가 나를 찾아온 것이다. 그는 사법고시에 이미 수회 실패를 하였고, 아내의 직장 생활로 생계를 이어가고 있었다. 그런데 또다시 시험에 불합격하자 아내 보기도 민망하여 며칠간 집에 연락을 취하지 않고 지냈단다. 그런데 그 사이에 집에서 화재가 발생하여 어린 아들이 화상을 입었다는 것이었다. 연락을 받고 집에 가니 아내는 울면서 참담한 심정을 호소하였고, 합격의 선물을 가져다주지 못한 자신의 처지도 원망스러운데 집안 사정까지 그 꼴이니, 마음이 황량하여 집 안에 그대로 있을 수가 없었다는 것이었다.

계속되는 시험의 실패에 이제 취직하기도 과년한 상태라, 앞으로 어떻게 해야 할지 의논하고 싶어 나를 찾아왔다고 했다. 내가 들어 보아도 처지가 딱하였다. 나는 당시 어떻게 할까 고심했다. 내가 실험하고 경험했던 공부 방법을 가르쳐 주는 것이 옳은

지 망설여졌다.

사실 시험공부라는 것은 각자의 특성이 있어서, 어떤 이에게 는 그 방법이 옳다고 하더라도 다른 사람에게도 그대로 적용된다 는 보장이 없다. 그 친구가 또 실패를 한다면 1년의 기간을 허송하 게 되고, 다른 곳에 취직할 수 있는 기회 또한 더욱 멀어져 갈 것이 기 때문이다. 물론 나는 자신이 개발한 공부 방법에 대하여 100% 유효성을 믿고 있었지만, 운용에 따라 변수가 생길 수도 있는 법이 다. 따라서 100% 합격의 보장이 없는 시험공부를 다시 하란 권유 는 사실 나에게도 부담이 되었다. 하지만 그 친구의 처지가 안쓰럽 기도 하고, 나 또한 친구의 합격을 바라고 있었기 때문에 나는 결 국 그에게 공부 방법을 가르쳐 주었다.

그는 예측대로 1년 뒤에 그렇게 갈망하던 사법고시에 합격하 였고, 그 후에 변호사의 길을 갔는데 탁월한 능력으로 지역 사회 에서도 인정을 받아 저명인사가 되었다. 생각하는 사람에 따라 그 의 합격이 일회적, 우연적인 경우라고 주장할 수도 있겠지만, 내가 그 친구에게 권장했던 공부 방법은 학습이론에 따라 치밀하게 계 획된 것이었기 때문에 **그의 합격은 결코 우연일 수 없다**고 나는 믿고 있다. 그도 나에게 수차에 걸쳐 고맙다는 말을 했다.

강력한 의지를 갖고 있으면서도 의외로 수차에 걸쳐 불합격의 고배를 마시는 사람들이 있다. 그런 사람들 중에는 자신의 의지만을 굳게 믿는 경우가 많다. 열심히 공부하면 합격할 것이라며 공부법을 쉽게 단정지어 버린다. 효율적으로 공부하지 않으면 더 많은 시간과 노력을 쏟아 부어야 하고, 그 와중에 지쳐 버리면 영영 합격과는 멀어지게 된다. 자신도 모르는 사이 자연스럽게 올바른 학습 방법이 체득되어 쉽게 합격하는 사람이야 굳이 이 글을 읽을 필요도 없겠지만, 자신의 노력에도 불구하고 불합격의 고배를 마시고 있는 사람이나 비교적 적은 시간과 노력으로 합격하고 싶은 이들은 이 책을 읽어야 할 것이다.

첫머리에서 말했듯이 모든 사람이 합격할 수는 없기 때문에 이 책을 모두가 읽고 실천한다면 그중에서도 불합격하는 사람이 나오겠지만, 그런 염려는 하지 않아도 된다. 이 책을 모든 수험생이나 고시생이 읽을 리도 없고, 읽더라도 모두가 실천하지는 않을 것이기 때문이다. 그러므로 이 책을 읽고 있는 여러분들은 차분히 이 책의 내용을 이해하여 실행에 옮긴다면 보다 쉽게 합격의 영광을 누릴 것이다.

002

밑 빠진 독에 물 붓기

앞 장에서 말했듯이 이 글을 읽는다고 하여 모든 사람이 사법고시라든가 행정고시 등 험난한 관문을 패스할 수 있는 것은 아니다. 혹시라도 그러한 착오를 할 수 있으니, 이 글이 유용한 대상자를 미리 말해 두는 게 좋을 듯하다.

지금부터 말하는 기준은 특이한 상황을 제외한 일반적인 것이다. 수험생들 각자의 상황을 필자로서는 알 수 없기 때문에 비율적으로 설명할 것이니, 이를 참고하여 스스로 어디에 속하는지 판단하는 수밖에 없다. 사람들은 주어진 상황을 스스로에게 유리하게 판단하는 경향이 있다. 물론 그게 발전의 원동력이 되기도 하지만, 때로는 기대 난망한 목표를 향해 무작정 가다가 실패만 거듭하는 허망한 인생을 만들기도 한다. 면밀한 자기 성찰이 필요하다.

어떤 대학에 100명이 정원인 학과가 있다고 치자. 그리고 매년 30명 정도가 고시에 합격한다고 가정하자. 그러면 이 글을 읽는 고시생이 자기 실력을 객관적으로 평가—입학 성적이나 입학 후 성적 등을 고려—해서 10등 이내라면, 이 글을 읽지 않아도 합격할 사람이므로 굳이 이 글을 읽지 않아도 될 것이다. 물론 읽는다면 더 빨리 합격할 것이다.

그리고 71등에서 100등 사이에 있는 사람이라면 고시를 추구하지 말고 다른 일을 하라고 권고하고 싶다. 시험에 합격할 가능성도 적을 뿐만 아니라, 고난을 넘어 시험에 합격하더라도 그 시험이 그동안에 들인 시간과 노력을 보상해 줄만큼 큰 가치가 있는 것이 아니기 때문이다.

고시 합격 또는 입시 합격으로 벌어들이는 돈이나 얻게 되는 명예, 사회적 평가, 권력 등 그 모든 것을 합쳐도 고시 합격 또는 입시 합격을 위하여 그동안에 들인 노력의 대가를 보상 받기가 어렵다. 이것은 고시에 합격한 많은 사람들이 허탈해 하는 부분이기도 하다. 고시는 분명 가치가 있고, 그 합격으로 여러 가지 혜택이 주어지는 것은 분명하다. 그러나 예전과는 달리 고시 합격으로 모든 것이 보장되던 시대는 지나갔다는 점을 분명히 인식해야 할 때가 되었다.

이쯤 되면 여러분도 알아챘을 것이다. 이 글은 주로 11등에서 70등 사이에 있는, 합격에 대한 강한 욕구를 갖고 있는 사람을 대상으로 한다. 특히 불확실한 미래에 대한 불안감을 가지고 있는 사람에게 유용하다. 또 몇 번에 걸쳐 시험에 불합격하여 자신감이 떨어진 사람들에게는 크게 도움이 되리라 생각된다. 시험에 합격하기 전에는 누구라도 불안하다. 간혹 아주 우수해 보이는 사람도 끝까지 시험에 합격하지 못하는 경우가 있다는 점도 참고해야 할 것이다.

고시는 그 과정이 소위 말하는 '밑 빠진 독에 물 붓기'와 유사하다. 밑에서 물이 빠지고 있으니까 이를 벌충하고서도 계속해서 독 안의 물이 증가하여 합격선에 도달해야 하기 때문이다. 아무리 오랜 기간 물을 부어도 천천히 부어서 밑 빠진 곳에서 빠져 나가는 물—고시생이나 입시생의 입장에서는 시험 합격에 필요한 '기억량'—을 겨우 벌충하는 정도에 그친다면 합격선에 도달하기 어렵게 된다.

고시에 합격하려면 단기간에 기억량을 늘려서 시험 기간 중에 합격선을 넘는 용량의 기억을 가지고 있어야 하는데, 그게 쉽지 않다. 그 단기간이라는 게 시험의 종류에 따라서 다르겠지만, 사법고시의 경우라면 약 1~2년이라고 보아야 할 것이다. 그보다 낮은 시험이라면 6개월~1년 정도라고 보면 된다. 간단한 자격시험이라면 그보다 짧은 기간으로도 합격할 수 있을 것이다. 유의할 점은, 이 기간은 기본적인 용량이 채워져 있는 상태를 전제로 한다는 사실이다. 물론 그 기본적인 용량이란 시험 종류에 따라 달라지므로 여기서 단정 지어 말하기는 어렵다.

다만 여기서 말하는 기본적인 용량이란, 예를 들어 사법고시라면 법과대학 4년을 졸업하여 기초적인 법률적 소양을 갖춘 상태라고 할 수 있다. 법과대학이 아니라 하더라도 1~2년을 집중적으로 공부하여 기본적 법률 소양이 갖추어져 있는 상태라면 기본적 용량을 채웠다고 보면 된다. 사법시험 1차를 기준으로 한다면 평균 50~70점 사이라고 보면 될 것이다.

결국 앞으로 이야기할 부분도 '기본적인 소양이 갖추어져 있는 상태에서 어떻게 하면 빠져 나가는 물의 용량을 능가하여 1~2년 사이에 합격선을 넘는 기억 용량을 뇌 속에 채우느냐' 하는 것이다. 즉 방법, 전략을 말하고자 하는 것이다.

003

고시가 어려운 이유

시험이란 그것을 즐기지 않는 한 누구에게나 어려운 법이다. 특히 고시는 더욱 어려운데, 그 이유에는 몇 가지가 있다. 예컨대 수능 이라든가 학교시험 같은 것들은 대부분 사람들이 성장하면서 겪 게 되는 과정이지만, 고시는 이와는 다른 특징이 있다. 물론 고시 의 특징을 잘 알아 두고 이를 정복하는 방법을 안다면, 다른 시험 에서야 두말할 필요가 없다. 이미 날개를 단 용사가 될 것이다.

　첫째, 고시는 처음부터 합격할 때까지 그 과정을 컨트롤해 주는 기구가 없다. 요즈음에는 고시학원이 많이 생겨서 그런대로 어느 정도의 역할을 하고, 대학교에서도 고시에 맞게 커리큘럼을 짜니까 예전보다 많이 좋아진 셈이다. 고시는 장시간 스스로 공부 해 나가야 하는 과정이 필요한데, 이 점이 일반 시험과 다른 부분이다. 적어도 한동안은 아무런 지도나 조언도 없이 캄캄한 밤길을 혼자서 가는 것처럼 더듬어 찾아가야 한다.

통상 대입 수능이나 정시는, 고등학교나 과외 또는 입시학원처럼 자신이 아닌 외부기관이 정해 주는 계획에 따라 학생은 열심히 공부만 하면 합격의 관문을 통과하게 된다. 통과하지 못하는 경우는 머리가 나쁘거나 공부를 게을리 했을 때의 일이다.

하지만 고시의 경우에는, 나름대로 열심히 공부를 했고 I.Q. 테스트 등 객관적으로 머리 능력이 우수한 것으로 평가되어도 불합격하는 사례가 종종 있다. 불합격한 사람의 입장에서 본다면 '내가 왜 불합격하는가', '이런 일이 있을 수 있는가' 하겠지만, 고시의 특성상 그런 일은 더러 있으며 특이한 현상이 아니다.

둘째, 수험생은 주어진 조건 속에서 자신이 합격할 수 있는지 없는지 가늠하기가 어렵다. 대학 입시와 비교해 보면, 누구라도 대부분 고등학교 과정이나 학원을 거치는 과정 속에서 자신이 어느 대학에 갈 수 있는지 대충 알게 되고, 갈 수 없는 대학에 대해서는 아예 포기를 한다. 그러나 고시는 누구라도 합격할 수 있는 것처럼 보이고, 또 장기간 공부하더라도 비난하는 사람이 없기 때문에 언젠가는 합격할 수 있다는 기대감을 갖는다.

이게 바로 함정이다. 그럼에도 불구하고 많은 수험생들, 고시

어떤 공부를 할 것인가,
어떤 시험에 대비할 것인가에 따라
당신의 학습 방법은 달라져야 한다.

생들은 그것을 유리한 조건이라고 생각하고 있다. 차라리 시험 자격의 조건을 일정 기간으로 정해 놓는다면 다른 인생을 살아갈 수 있는데, 무한하게 열려 있으니 시험에 합격하지 않는 한 언제 끝을 내야 하는지 알 수가 없다.

셋째, 고시에 합격만 하면 인생에 있어 모든 것을 얻게 된다고 생각하기 쉽다. 대학 입시나 회사 취직의 경우에는 그것을 하나의 과정에 불과한 것으로 보지만, 고시는 완전한 목표로 인식하는 경우가 많다. 고시 합격으로 인생의 모든 것이 보장된다고 믿으니까 모든 것을 단절하고서라도 필승을 다짐하게 된다. 그러나 고시생들의 이러한 자세는 시험을 더 어렵게 만든다. 예전에 비하여 합격자 수를 급격하게 늘렸지만, 시험 수준은 낮아지지 않는 이유가 여기에 있다.

모든 사회활동이나 취미활동, 인간관계를 단절하고서 고시에 전념하였으나 끝내 합격하지 못한 경우에는 무엇을 해야 할지 알 수 없는 막막한 상황을 맞이하게 된다. 이와 같은 사회 단절은 컴퓨터 게임 중독이나 도박, 낚시 등 여러 가지 사행성이 들어 있는 게임 과정에서도 일어난다. 하지만 그러한 경우는 자신의 잘못으로 그와 같은 비참한 말로를 맞이하는 것이므로 스스로 삭여야 하겠지만, 고시의 경우에는 장기간 공부를 한 다음에 허망한 상황을 맞이하게 되기에 인생이 원망스러워진다.

이처럼 고시가 어렵기 때문에 반드시 합격의 길을 가야 하고, 합격하지 못할 경우에는 왜 합격하지 못하는지 그 이유를 정확하게 알아서 적당한 시점에서 새로운 길을 찾아야 한다. 이 책은 합격의 비밀을 가르쳐 주는 것이지만, 당신이 합격하지 못할 이유가 있으면 그 이유도 아울러 가르쳐 주고자 한다. 여기서 가르쳐 주는 학습이론을 이해할 수 없고, 여기서 가르쳐 주는 공부 방법을 따르기도 싫은데다 불합격을 반복하고 있다면, 당신은 고시를 포기하는 게 좋을 듯하다.

004

최신 무기로 무장하라

시험이란 인생에 있어 전쟁터와 같은 것이다. 전쟁터에서는 이기는 자와 지는 자가 있고, 지는 자의 상당 부분은 전사하기 마련이다. 시험 또한 적은 수가 합격하고 많은 수가 떨어지며, 떨어지는 사람은 시험에 의하여 주어지는 혜택이 영영 박탈되는 것이다. 다시 말해서 전쟁에서 져서 사망하는 것과 다를 바가 없다. 물론 다른 방향으로 인생을 전환해서 성공할 수는 있지만, 적어도 떨어진 시험에 대한 열등감을 갖고 살아야 하며, 인생에 있어 지워지지 않는 오점을 남긴다.

중요한 전쟁을 치름에 있어 최신의 무기로 무장하는 것은 당연지사이다. 어느 시대든 최신의 무기로 무장하는 것이 절대 유리하다. 역사적으로 볼 때 돌로 싸우던 신석기인들은 청동기로 무장한 사람들에게 멸망하여 노예가 되거나 죽었다. 또 청동기로 무장한 사람은 철기로 무장한 사람들에 의하여 멸망하였다. 총으로 싸우던 시절, 나폴레옹은 대포를 적극적으로 활용하여 유럽을 재패하였다. 가까운 일본에서도 무사들이 칼로써 싸움을 하던 시절, 오다 노부나가는 총을 활용하여 일본을 통합시키고 전 일본을 지배하는 절대 강자가 되었다.

시험도 마찬가지이다. 시험에 필요한 책, 필기구, 책받침대, 의자, 포스트잇, 베개, 침대, 가방 등등 모든 것들을 최신의 것으로 바꿀 여지가 없는지 살펴보아야 한다. 물론 그다지 학습 개선에 필요 없는 것들이야 굳이 구입할 필요가 없겠지만, 조금이라도 개선의 여지가 있다고 생각하면 가격을 불문하고 바꾸어야 한다. 시험이란 큰 차이로 합격, 불합격이 결정되는 것이 아니다. 실은 조그마한 차이로 결정되기 때문에 사소한 개선 사항이라도 있으면 즉각 변경하는 것이 유리하다.

실례로 필자보다 3년이나 일찍 고시에 합격한 친구 이야기를 하겠다. 그는 글씨를 잘 썼다. 그럼에도 불구하고 필기구에 대하여 관심이 많았다. 새로운 볼펜이나 만년필이 나오면 금방 구입하고, 또 그것을 여러 번 시험하여 가장 손에 잘 잡히고 글씨가 잘 쓰이는 것을 발견하려고 노력했다. 심지어는 새로 나온 볼펜에 반창고

전장에서 최신 무기의 효능이 두드러지듯
시험장에서도 최신의 소도구가 빛을 발한다.

를 둘둘 감아서 적당한 두께를 만들어 사용해 보기도 했다. 그러한 노력의 결과로 그의 글씨는 빠르면서도 아름다웠다.

혹시라도 논술 문제를 답해야 하는 시험이라면 유념해야 할 것이다. 글씨는 거의 사람의 얼굴과 같은 역할을 한다. 마음이 사람의 내면적 가치라면 논술의 내용도 그와 같을 것이다. 하지만 내용의 가치를 알기 위해서는 채점관에게 많은 인내가 필요할 뿐더러, 이를 위한 충분한 시간이 부여되지도 않는다. 그 내용이 아무리 훌륭하다고 하더라도 괴발개발 쓰인 논술 답에 높은 점수를 주기는 어렵다.

필자는 이제 시험을 칠 기회가 없어졌지만, 아직도 학습에 필요한 기구는 새것이 나오면 즉시 구입하여 한 번 써 본다. 그것은 결코 낭비가 아니다. 시험에 합격하고자 하는 사람에게 낭비는 학습과 관련이 없는 옷값, 구두값, 게임비 등으로 나가는 지출이다. 공부를 위한 최신 장비의 구입은 낭비가 아니다. 그중에서 가장 중요한 것은 책이다. 새로운 책이 나오면, 그 내용이 기존의 책과 대조하여 우수하다고 판단되면 즉시 구입해야 한다. 시험문제는 언제나 새로운 것에서 나오는 경향이 있다.

베개나 이불 같은 것들이 시험과 무슨 관련이 있을까 생각하겠지만, 많은 관련이 있다. 필자가 고시 공부를 할 때에는 옛날이었으니까 솜을 넣은 베개와 이불을 사용했다. 그 솜이 오래 된 것이다 보니 알레르기 물질을 분비하는 진드기가 많아 알레르기비염을 유발하여 오랫동안 고생을 했다. 육체적인 고통도 고통이지만 시험공부를 끊임없이 방해했다. 알레르기비염은 치료제가 없고, 대증요법으로 증상을 완화시키는 약제라는 게 주로 항히스타민제를 사용해야만 하는 고약한 질병이다.

항히스타민제를 복용하게 되면 낮밤을 가리지 않고 잠이 오는데, 공부는 해야겠고 몸은 잠을 부르고 정말 환장할 지경이었다. 보통 하루에 4~5시간은 낮잠을 자야 했고, 심할 때에는 하루에 공부할 수 있는 시간이 5~6시간에 불과한 때도 있었다. 이러한 신체적 상황은 결국 여러 해를 낭비하는 결과를 초래했다.

최근에 필자의 딸이 대입 준비를 하는 과정에서 딸의 친구가 알레르기비염으로 고생한다는 소식을 들었다. 딸의 친구는 고등학교 때는 우수한 실력을 평가 받았지만, 점차 실력이 저하되어 상대적으로 수준이 낮은 대학으로 진학했다. 그녀의 부모들이 왜 환경을 개선해 주지 않았는지 안타까웠지만, 평소에 필자와 교류가 없는 처지라 듣고 있을 수밖에 없었다.

005 학습이론에 따라 공부하라

이 글 처음에서 필자는 이 세상에서 성공하는 방법 중 가장 쉬운 방법이 시험에 합격하는 것이고, 또 가장 확률이 높은 방법이라고 했다. 이 말이 맞는 말이기는 하지만, 아직 시험을 준비하고 계시는 분들에게는 사실 미안한 말이기도 하다. 아직도 원하는 시험에 합격하지 못하여 실의와 좌절에 빠져 있는데, "뭐? 세상에서 가장 쉬운 방법이라고? 지금 사람을 앞에 두고 장난 치냐!"며 화를 내실 분도 있을 것이다.

그 심정은 필자도 이해하고 있다. 필자도 시험에 수회 낙방을 하여 "시험에만 합격시켜 준다면 다른 건 다 희생할 수도 있는데, 왜 이리 시험이 어려운 거야!" 하고 탄식하던 시절이 있었다. 하지만 학습이론을 배워 시험에 합격하고, 적지 않은 지난 세월 동안 사회생활을 하면서는 오히려 "모든 것을 시험으로만 해결할 수 있다면 얼마나 좋을까! 인생이란 그렇지가 못하구나!" 하고 탄식하게 되었다.

시험이란 비교적 높은 확률로 노력한 만큼 결과가 나오는데, 세상일이란 건 도대체 노력과 결과가 일치하지 않으니 답답하기 그지없었다. 그리고 많은 것들이 이미 결정되어진 것을 바탕으로 하고 있기 때문에 상황을 변화시킨다는 것은 엄청나게 많은 에너지를 쏟아 부어야 한다. 그렇게 해도 예측하기 어려운 것이 현실이다. 사업을 해서 성공한다거나 취직 후에 승진하여 기업의 임원이 된다는 것이 시험에 합격하는 일보다 더 어렵다는 뜻이다.

그러한 일들이 얼마나 어려웠으면 미국에서는 '사장이 되는 제일 쉬운 길은 회장님의 딸과 결혼하는 것'이라는 말까지 있을까. 그럴 듯하지만 만약에 사장에게 딸이 없다거나 그 딸이 이미 결혼을 해버렸다면 불가능한 일이다. 설사 그 딸이 미혼이라고 하더라도 그녀가 예컨대 명문대학 졸업, 일정 이상의 키, 외모 등을 결혼 상대자의 조건으로 내세우고 있고, 내가 그러한 조건을 채울 수 없다면 사장이 되는 길은 봉쇄되어 버리는 것이다.

또 사업에 성공하였다거나 다른 방법으로 중소기업에서 사장으로 승진하였다고 하더라도, 변화무쌍한 세상에서 지속적으로 그 성공을 유지하는 것은 성공하는 일만큼이나 어려운 것이다. 이렇듯 인생의 전반적인 면에서 본다면, 일정한 자격이 주어지는 시험이나 공무원, 대기업의 사원과 같은 안정된 직업에 취직하는 것은 가장 쉬운 성공 방법이라 할 수 있다.

그러나 많은 사람들이 그러한 자격을 획득하고자 하거나 공무원, 교사 등이 되기 위하여 도전하고 있다면, 그것도 쉬운 일은 아닐 것이다. '수십 대 일에서 수백 대 일까지 높은 경쟁률을 뚫고 내가 합격한다는 게 과연 쉬운 일일까?' 의심을 갖지 않을 수 없다. 물론 모든 사람이 똑같은 방법과 노력으로 공부를 한다면 분명 쉬운 일이 아닐 것이다. 어쩌면 오히려 다른 방법으로 성공하는 일보다 더 어려울지도 모른다.

하지만 내가 다른 사람보다 더 많은 노력을 할 수 있다면 상황은 달라질 것이다. 다른 사람이 하루에 열 시간을 공부하는데 나는 하루에 열두 시간을 공부할 수 있다면 유리한 고지에서 경쟁할 수 있을 것이다. 그렇지만 인간이라면 놀고도 싶고, 이성과 데이트도 하고 싶고, 또 각종 스포츠에 빠질 수도 있다. 온 청춘을 시험에만 낭비(?)할 수도 없는 상황이라면 역시 문제가 아닐 수 없다. 즉 나도 별 수 없는 존재라서 다른 사람과 같은 정도의 노력밖에 할 수 없다고 가정하지 않을 수 없다.

그렇다면 남은 방법은 한 가지뿐이다. 다른 사람보다 더 효율적인 방법으로 공부하는 것이다. 그래서 앞으로 이 글에서도 효율적으로 공부하는 방법을 말하고자 한다. 이때 다른 사람도 나와 같이 효율적인 공부 방법으로 공부하면 역시 마찬가지가 아닌가 하는 의문이 들 것이다. 하지만 그러한 염려는 하지 않아도 될 것이다. 이 글을 여기까지 읽은 당신이라면 충분한 의지를 가졌다는 사실이 객관적으로 인정이 되고, 정보가 빠르게 전파되는 세상이라고 하여도 이 글을 부지런히 읽고 실천하는 사람이 당신의 경쟁자가 될 확률은 극히 낮기 때문이다.

그러므로 지금부터 당신이 할 일은, 열심히 공부하면서 여기서 알려 주는 학습이론을 배우는 것이다. 필자 또한 학습이론에 따라 공부하였기 때문에 감히 여러분들에게 이 방법이 옳다고 단언할 수가 있는 것이다. 필자의 경험담을 이야기하는 것이 더 실감이 날 수도 있겠지만, 상황이 달라지면 다른 결과를 낳을 수도 있기 때문에 공부의 경험담도 학습이론을 설명하는 데 필요한 범위 내에서만 할 것이다. 과학적인 학습이론에 따라 공부해야 안정된 결과를 얻을 수 있다.

유명한 아담 스미스도 매일 맨손으로 물고기를 잡으러 가는 것보다 며칠간 쉬면서 낚시도구를 만들어 그것으로 물고기를 잡는 것이 더 효율적이라고 말했다. 공부도 마찬가지이다. 사람들은 공부로 더 높은 점수, 더 빠른 합격을 희망하면서도 공부하는 방법을 공부하는 사람은 드물다. 따라서 오히려 이 책을 읽고 있는 **여러분은 공부하는 방법을 공부**함으로써 다른 사람보다 더 빨리 합격의 문을 통과할 수 있을 것이다. 분명 당신에게 행운이 함께 할 것이니 말이다.

많은 사람들이 공부하는 것을 보면, 특히 혼자서 공부하는 사람의 경우에 그런 현상이 더 많이 일어나는데, 하루에 한 개 과목에 집중하여 많은 분량을 독파하려고 하는 경향이 있다. 그러면서도 "나도 쪼개서 공부하고 있는데, 그게 뭐 새로운 건가?"라며 반문하는 사람이 있다.

예를 들면, 〈수학1〉을 공부하려고 하는데 〈수학1〉이 8개의 장으로 구성되어 있다고 치자. 한 개의 장을 하루에 공부하는 것으로 하여 8일 만에 〈수학1〉을 정복하겠다는 계획을 세웠다고 하면, 이것을 쪼개서 공부하는 것으로 볼 수 있느냐 하는 것이다. 또 헌법을 공부하는데 900페이지 헌법 책을 하루 100페이지씩 9일 만에 1회독을 하겠다고 계획을 세웠다면, 이것을 쪼개서 공부하는 것으로 볼 수 있느냐 하는 것이다.

이런 방식은 쪼개서 공부하는 것으로 볼 수 없다. 이런 방식을 채택하면 대부분은 한 개의 장이나 100페이지 정도를 공부하고 나서는 더 이상 진전이 되지 않는다. 하루에 해야 할 분량이 너무 많고 단순화되어, 그 단조로움을 견딜 수 없기 때문이다. 의지가 매우 강한 사람이라도 며칠 가지 못하여 도서관이나 독서실에서 한숨만 푹푹 내쉬면서 괴로워하게 된다. 계획대로 진행되지 않으니까 스트레스를 받게 되고, 이것을 피하기 위하여 친구들과 잡담을 하다가 급기야는 이런저런 핑계를 대어 놀러 나가게 된다. '작심 3일'이란 말이 그대로 적용되는 것이다.

그러면 어떻게 공부해야 한다는 말인가. 간단히 말해서, **학교에서 공부하는 방식을 혼자서 공부할 때도 응용**하는 것이다. 학교에서는 오늘은 수학, 내일은 영어, 또는 오늘은 헌법, 내일은 민법 같은 식으로 몰아서 공부를 시키지 않는다. 왜 그럴까? 하루에 한 과목씩 몰아서 수업을 하면 공부하는 학생들은 많은 책을 가지고 다니지 않아도 되고, 선생이나 교수들도 매일 교실이나 강의실로 출강할 필요가 없어 편할 텐데, 그렇게 하지 않는 이유가 무엇일까?

그것은 인간의 습성 때문이다. 인간은 어떤 일에 한꺼번에 많은 시간을 집중하지 못한다. 특히 어떤 과제를 학습할 때에는 그러한 방식이 비능률적이며, 배우는 학생이 금방 지치게 된다. 이는 수많은 실험으로 증명된 사실이다. 즉 불합리하게 보여도 고등학교라면 영어·국어·수학·화학 등으로, 대학의 법학과라면 헌법·민법·형사소송법 등으로 쪼개어 하루 수업을 하는 것이 보다 능률적이라는 것이다.

따라서 혼자서 공부할 때도 쪼개서 공부하는 것이 능률적이라는 말이다. 자신의 능력을 고려하여 '영어 2페이지 해석, 수학 5문제 풀이, 화학 1개 절 이해' 식으로 나누는 것이 좋다. 고시의 경우에는 '헌법 20페이지, 민법 20페이지, 형법 20페이지' 식으로 세분화하여, 하루에 여러 과목을 공부하되 조금씩 나누어서 하는 것이다.

이렇게 하면 금방 목표 달성감을 느껴 계획의 지속적 실행이 쉬워진다. 영어 2페이지를 해석하고 나면 적어도 영어의 하루치 목표를 달성했으니, 설사 수학을 5문제 다 풀지 못했다고 하더라도 일부의 성취감을 느낄 수 있다. 그러나 하루에 헌법 100페이지를 목표로 계획을 수립해 놓고, 만약 50페이지를 읽다가 지쳐 버리면 좌절감에 빠지게 된다. 이런 일들을 반복하게 되면 계획의 실행 의지가 점차 희박해지고, 마침내 포기하게 되는 것이다.

잊지 마라, 하루에 한 과목을 100페이지 읽는 것보다는 5과목을 20페이지씩 나누어 100페이지 읽는 것이 쉽다는 사실을! 의심이 나면 시험적으로 한 번 해보기 바란다. 다만 문제는, 하루에 20페이지씩 5과목으로 나누어서 한다고 하더라도 그걸 '지속적으로 계속할 수 있느냐' 하는 것이다. 그건 만만치 않은 일이다. 한 과목만 집중하여 많은 분량을 학습하려는 것보다는 쉽겠지만, 지속적으로 매일 얼마씩 진도를 나가는 게 쉬운 일은 아니다. 이제부터 그 방법에 대하여 이야기해 보려고 한다.

서점에 들러 귀가하라

어떤 시험이든지 합격은 쉬운 일이 아니다. 여러 사람이 경쟁하고 있기 때문에 경쟁자를 물리쳐야만 합격의 영광을 안을 수 있다. 그 경쟁자들도 모두 합격의 영광을 안고 싶어 하기 때문에 시험이란 어렵기 마련이다.

이렇게 말하면 "그렇다면 왜 이 글의 서두에 시험이 가장 쉽게 성공하는 방법이라고 했는가?" 하고 의문을 제기하는 독자도 있을 것이다. 시험이란 방법이 다른 방법으로 성공하는 것보다 쉽다는 것이지, 결코 시험 그 자체가 쉬운 것은 아니다. 시험이 아닌 다른 방법으로 성공하려면 시험으로 성공하는 것보다 어렵다는 뜻이다.

뭔가 속은 듯한 느낌인가? 그렇지는 않다. '성공'이란 낱말이

책이야말로 진정한 재산이다.
당신이 책장을 넘기는 어느 순간,
당신의 인생은 또 다른 국면에 접하게 된다.

필요 없는 인생을 살고자 한다면, 굳이 시험이라는 어려운 관문을 통과할 이유가 없다. 그러나 인간이라면 누구나 잘살고 싶고, 남들에게 뽐내고 싶고, 훌륭한 배우자를 선택하고 싶고, 또 미래에 대한 안정감의 욕망에서 피해갈 수 없다. 그러한 욕망을 충족시키려면 시험으로 성공하든, 사업으로 성공하든, 주식투자로 성공하든, 연구 발명으로 성공하든, 일단 성공을 해야 하는 것이다.

그 어려운 시험을 좀 더 쉽게 만드는 방법 중의 하나가 서점에 자주 들르는 것이다. 그건 별로 어렵지 않을 것이다. 집 근처나 학교, 학원, 도서관 근처에 있는 서점을 정해 놓고 수시로 들르는 것이다. 그곳에서 소설을 사든, 잡지를 사든, 전문서적을 사든, 그것은 문제가 되지 않는다. 무조건 자주 들러서 이 서가 저 서가를 기웃거리며 '재미있는 책이 없나' 하고 살피는 것이다. 그러다가 눈에 띄는 책이 있어 마음에 들면 산다. 돈이 없으면 다음에 사기로 하고 눈도장을 찍어 둔다.

서점에 자주 들른다고 하지만, 다른 일에 바쁘면 그게 또 쉽지가 않다. 그럴 때에는 귀가할 때 서점을 들러 귀가하는 습관을 들이자. 많은 불필요한 책들을 살 수도 있다. 집 안에 불필요한 책들이 쌓여 낭비했다는 후회를 할 수도 있다. 그러나 그중에서 하나라도 마음의 눈을 번쩍 뜨이게 할 수 있다면, 그 책에서 크게 깨

닿는 바를 얻게 된다면 여러분의 인생에서 대박을 터뜨리는 것이 된다.

흔히 회사에서는 1천 개의 아이디어를 내어서 그중에 하나만 히트를 치면 대박을 맞는다고 한다. 그런 것에 비교해 보면, 책을 사느라고 낭비(?)한 돈이 결코 아깝지 않을 것이다. 또한 책들은 자연히 학습에 흥미를 갖게 하는 계기가 될 수 있다. 지루하고 짜증스런 시험 준비 기간을 보다 즐겁게 보낼 수가 있는 것이다.

똑같은 과목이라도 저자에 따라서 강한 부분도 있고 약한 부분도 있다. 이미 읽은 책에서는 아무리 읽어도 이해가 되지 않던 부분이 다른 책을 읽었을 때 쉽게 이해되는 경우가 흔히 발생한다. 또 때에 따라서는 가지고 있는 책에서 생략되어 있는 부분이 다른 책에 나와 있는 경우가 있고, 그게 시험문제로 출제되는 경우도 있다.

이제 서점에 들러 귀가하는 것을 생활화하자. 그러면 여러분들의 시험 준비가 한결 가벼워질 것이다.

시험이란 누구에게나 귀찮은 존재이고 피곤한 일이다. 그래서 '시험을 피해서 살 수 있으면' 하는 바람을 갖게 되는 것이다. 그러나 어찌하랴. 시험이 성공하는 방법 중에서 가장 쉬운 방법이라고 하니, 시험을 치르지 않을 수 없지 않는가.

독자들에게 송구한 말이지만, 시험에 합격하기 위해서는 많은 시험을 치러야 한다는 사실을 말하지 않을 수 없다. 인간의 행동을 자세히 관찰해 보면, 아니 자세히 관찰해 볼 필요도 없이 시험을 치러 본 사람이라면 누구나 공감할 것이다. 시험일로부터 일주일, 길어야 한 달 전부터 공부를 시작하게 되고, 시험 전날 최고도로 집중하여 공부를 한다는 사실을 말이다.

이것을 표로 나타내 보면 〈표1〉에서 보는 바와 같다. 즉 일반 고등학교 과정에서 1년에 4번 시험 보는 것을 전제로 살펴보자. 중간고사 2번과 기말고사 2번으로 가정한다면, 평소의 공부량에다 시험 준비 기간 중에 한 공부량이 보태어져서 1년간의 공부량이 될 것이다. 각 공부량의 체적을 적분하여 그 총량을 구할 수 있다.

〈표 1〉

1월	2월	3월	4월	5월	6월	7월	8월	9월	10월	11월	12월
		시험에 의한 추가 공부량			시험에 의한 추가 공부량			시험에 의한 추가 공부량			시험에 의한 추가 공부량
기초공부량											
		중간고사			기말고사			중간고사			기말고사

이러한 현상에 착안하여 시험을 1년에 12번으로 횟수를 증가시키면 〈표2〉와 같은 공부량이 나타날 것이다. 〈표1〉과 비교하여 보면 엄청나게 많은 양의 공부를 하게 되는 것이다. 모든 학교에서 이와 같이 시험 횟수를 늘리면 학생들의 공부량이 증대되어 많은 성과를 거둘 수 있을 것이다. 그런데 왜 그렇게 하지 않을까.

〈표 2〉

1월	2월	3월	4월	5월	6월	7월	8월	9월	10월	11월	12월
시험에 의한 추가 공부량	시험에 의한 추가 공부량	시험에 의한 추가 공부량	시험에 의한 추가 공부량	시험에 의한 추가 공부량	시험에 의한 추가 공부량	시험에 의한 추가 공부량	시험에 의한 추가 공부량	시험에 의한 추가 공부량	시험에 의한 추가 공부량	시험에 의한 추가 공부량	시험에 의한 추가 공부량
기초공부량											
시험	시험	중간고사	시험	시험	기말고사	시험	시험	중간고사	시험	시험	기말고사

물론 **시험 횟수를 늘리면 공부량이 늘어난다**는 것은 학습 이론에 의하여 검증된 사실이다. 그렇지만 학교는 공부만 가르치는 곳이 아니다. 학생들이 서로 교우하고, 선생님으로부터 생활태도나 사고방식 등을 배워 전인적인 품성을 기르는 곳인 것이다. 그러므로 순전히 학업만을 위한 교육 과정으로 시간표를 짤 수는 없다.

그러나 대입 준비생이거나 고시생인 우리들, 절체절명의 목표인 합격을 성취해야 하는 사람들로서는, 학교 과정은 그대로 두고 나름대로 시험 횟수를 늘려서 공부의 총량을 확대해야 한다. 이 학습이론을 미리 캐치하였는지는 알 수 없으나, 신림동의 어느 고시 학원에서는 매일 시험을 치르는 과정을 두고 있다. 그리고는 그 시험만 치르는 과정에 비싼 수강료를 받고 있는데, 일리가 있는 방법이다.

시험 횟수를 늘리면 공부량이 늘어나겠지만, 인위적으로 시험 횟수를 늘리는 게 만만치가 않다. 혼자서 시험을 치를 수도 없고, 또 감독하는 사람을 임의적으로 지정한다고 하더라도 시험의 부담감 때문에 곧 그만두게 되기 때문이다. 계산상으로 시험을 늘리면 공부량이 늘어나서 한 발 더 합격에 가깝게 다가갈 수 있을 듯한데, 그 시험을 늘리는 게 쉽지가 않다. 그렇기 때문에 앞서 말한 신림동 고시학원은 단순히 시험만 치르면서도 돈을 받을 수 있는 것이다.

시험 횟수를 늘려서 공부량을 늘리는 방법, 합격의 비밀은 여기에 중요한 포인트가 있다. 앞으로 그러한 방법을 어떻게 혼자서 구체화시킬 수 있는지에 대하여 많은 분량을 할애하여 설명할 것이다.

009 인간 의지의 한계를 인정하라

'작심3일'이라는 말이 있다. 모두가 알고 있듯이, 어떤 결심을 3일 이상 유지하는 게 쉽지 않다는 뜻이다. 이 말을 화두로 낸 이유는, 공부란 참으로 인간 의지의 한계를 느끼게 해준다는 사실을 이야기하고 싶어서이다.

많은 사람들이 시험에 합격하기 위하여 단단한 의지와 세밀한 계획으로 도전하지만, 그것을 마지막까지 유지하기란 무척 어렵다는 사실 또한 깨닫게 된다. 어떤 사유로든 시험에 합격해야 할 이유는 너무나 절실하건만, 의지대로 공부를 하는 것 또한 왜 그렇게 어려운지 안타까울 따름이다.

이는 많은 학습이론들이 증명하고 있는 것이기도 하지만, 나의 체험적 사실에 기초해서도 확실히 말할 수 있다. 나는 사법시험을 준비하면서 나름대로 절박한 상황에 처했던 적이 있었다. 다음 시험에 합격하지 않으면 군에 입대를 해야 했고, 또 집안 사정이 여의치 아니하여 독지가의 도움으로 학업을 이어가던 중이라 시험에 떨어지면 계속적인 도움을 청하기도 어려운 상황이었다. 만약에 다음 시험에서 떨어지면 나는 모든 꿈을 접고 그냥 현실에 적응할 수밖에 없는 절박한 상황이었다.

즉 밤낮으로 공부해서 공부의 절대량을 늘려야 했다. 절대량에 대한 필요성은 거의 절대적이었다. 그리하여 공부 외 다른 모든 것, 친구들과의 교우나 친인척의 행사 참석뿐만 아니라 나 자신의 생일이라든가 크리스마스니 추석이니 하는 모든 사회생활을 끊기로 결심했다. 그야말로 밥 먹는 시간과 잠자는 시간을 제외한 모든 시간을 절약하여 공부에 투입하기로 했다. 실제로 그러한 일은 어렵지 않을 듯했다. 고시 생활을 이유로 그전에도 거의 비슷한 생활을 하고 있었으니, 조금 더 세상을 멀리하면 될 것이었다.

그러나 문제는 공부에 집중할 수 있느냐에 있었다. 물론 1~2주일은 그러한 생활을 다짐하며 도서관에 계속 드나들었지만, 시간이 지남에 따라 휴식 시간이 많아졌다. 친구들과 잡담하는 시간이 길어지고, 혼자 있을 때에는 책장만 넘기며 한숨을 쉬는 시간이 늘어났다. 하루의 공부량이 점차 줄어들기 시작하더니, 급기

야는 하루에 집중하여 공부하는 시간이 불과 2~3시간에 지나지 않았다. 어떤 이유에서였는지, 어떤 불가피한 사유가 있었는지 지금은 기억하지도 못하지만, 결과적으로 공부시간만은 현저히 줄어들었다.

절박한 상황과 나의 강철 같은 각오에도 불구하고 그 다음해 나는 시험에 고배를 마셨다. 다행히 군대 문제가 해결되어 다시 시험 기회를 얻게 되었고, 나는 이유를 분석하기 시작했다. 이처럼 절박한 상황에서 나의 강력한 의지에도 불구하고 공부에 집중할 수 없었던 이유는 무엇인가? 내가 지속적으로 하루에 12~14시간만 집중하여 공부할 수 있었으면 분명 합격할 수 있었는데, 왜 그렇게 되지 않았을까?

나는 인간의 의지를 너무 믿었다. 내가 결심한 것을 그대로 실천할 수 있다고 믿었다. 하지만 적어도 공부에 관한 한 그것은 내 의지의 한계를 벗어나는 일이었다. 그 뒤에 학습이론을 배우고 나서 더욱 그 사실을 실감하게 되었다.

지금도 많은 수험생들이 여기서 말하는 학습이론을 믿기보다는 본인의 의지를 더 믿고 싶어 할 것이다. 그러한 분들을 탓할 생각은 전혀 없다. 학습이론을 무시한 채 본인의 의지를 믿고, 본인의 의지대로 공부해서 시험에 합격하면 그만이기 때문이다. 그

아무리 강한 의지로 무장한다
해도 시간 앞에서는 한없이 나약해지는 것이
인간의 오랜 습성이다.

러나 학습이론에 따르지 않는 한, 시험기간이 늘어나거나 영원히 원하는 시험에 합격하지 못할 확률이 높아진다고 감히 나는 말할 수 있다. 사실 나의 학습이론에 의하면 거의 분명하다.

왜냐면 학습이론은 과학이기 때문이다. 많은 실험을 거친 과학을 무시한 방법은 성공하기 어렵다. 그것은 총을 가진 사람과 몽둥이를 가진 사람이 싸우는 것과 거의 유사하기 때문이다. 학습이론으로 무장한 사람이 총을 가진 사람이라면, 그냥 자신의 의지만을 믿고 우직하게 공부하는 사람은 몽둥이를 든 사람일 것이다. 승패는 보지 않아도 결정이 나 있다고 할 수 있다. 마치 무협소설이나 영화에 나오는 것처럼 몽둥이를 든 사람이 공중을 날아 총알을 피하거나 총알보다 먼저 날아가 상대방을 가격하는 상상을 할 수는 있겠지만, 현실에서 그러한 일은 일어나지 않는다.

010 머리의 한계를 인정하라

수험생들 중에는 자신이 공부 못하는 것을 지능이 낮은 탓으로 돌리며 쉽게 포기하는 이가 있다. 반면에 자신의 두뇌가 우수하다는 것을 이유로 펑펑 놀면서 좋은 대학에, 좋은 자격 고시에 합격할 것을 막연히 믿고 있는 사람들도 있다. 하지만 시험에 관한 한 두뇌의 지능지수, 즉 속칭 '머리'에는 한계가 있음을 알아야 한다.

세계적인 대천재 아인슈타인도 취리히 공과대학 입학시험에서 국어에 빵점을 맞았다고 한다. 물론 아인슈타인의 경우야 수리 분야에 탁월한 재능이 있으니까 국어 시험에 약할 수도 있겠지만, 아인슈타인의 국어 점수는 적어도 '노력하지 않는 한 아무리 천재라 하여도 시험에서 좋은 점수를 얻을 수는 없다'는 사실을 증명해 주고 있다.

우리의 입학 전형 방법이 바뀌지 않은 한, 아인슈타인 같은 천재도 우리의 명문 대학에 입학하기는 어렵다. 또한 각종 자격시험이나 채용·입사 시험 제도가 바뀌지 않는 한 좋은 자격을 취득하거나 좋은 직장에 채용되기도 어려운 게 현실이다. 시험이란 일종의 시스템 하에서는 시험에 잘 적응한 사람이 합격의 영광을 얻는 것이므로 머리가 나쁘다고 포기할 것도, 머리가 좋다는 이유로 쉽게 생각할 것도 아니다. 시험을 정복하는 요령을 익힌다면, 보통의 머리로도 좋은 대학에 입학할 수도 있고, 좋은 자격을 취득하거나 채용시험에 합격하여 남보란 듯이 살 수 있는 것이다.

이것을 도표로 그려 보면 다음과 같다.

〈표 3〉

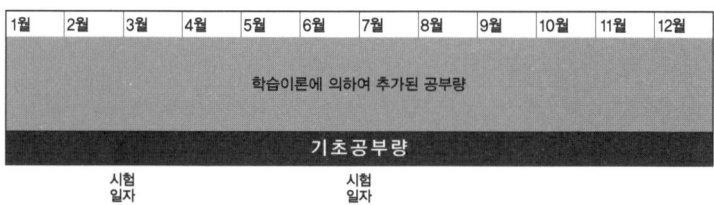

〈표 4〉

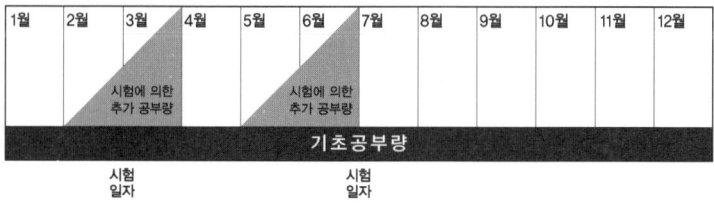

51

앞으로 계속해 설명할 학습법에 의하여, 〈표3〉과 같이 추가 공부량을 가진 머리 나쁜 A군과 〈표4〉와 같이 추가 공부량을 가진 머리 좋은 B군이 경쟁할 때에는 당연히 A군이 합격한다는 것이다. 이는 시험에는 시험 나름대로의 특징이 있기 때문이다.

통상 머리가 좋다는 것은, 탁월한 추론이나 상상력에 의하여 다른 사람들이 생각지 못한 발명이나 신이론, 신기술을 발견하는 것이다. 그러나 시험이란 그러한 발명·신이론·신기술을 묻는 것이 아니고, 기존의 이론이나 역사적 사실을 기억해서 그것을 재생하는 과정이기 때문이다. 물론 다른 사람들보다 기억력이 상대적으로 좋은 사람이 있기는 하지만, 그 차이는 그렇게 크지 않다. 즉 국어 책이나 헌법 책 같은 것을 한 번에 쓱 읽고서 암기할 수 있는 천재는 없기 때문이다.

그런 사람이 있었다면 분명 사법고시나 행정고시에 합격한 일화가 있었을 것이 분명하다. 하지만 아직 그런 일화가 없는 것으로 보아, 그런 일은 과거에도 없었고 미래에도 없을 것이 분명하다. 이러한 사실은 우리나라에서 자타가 공인하는 최고의 대학, 최고의 학과인 서울대학교 법학과 졸업생 중 과반수 정도는 평생 사법고시에 합격하지 못한 채 살아간다는 것에 비추어 보아도 알 수 있다.

이는 시험에 관한 한 노력 없이는 누구도 쉽게 정복할 수 없으며, 노력이 충분하다면 누구라도 합격의 영광을 차지할 수 있다는 사실을 말해 주고 있는 것이다. 다시 말해서, 수험생 여러분의 **지능지수가 어떠하든 간에 모두에게 기회는 있다**는 말이다. 그 방법을 알고 노력한다면 그 기회는 바로 자신의 것이 된다.

011

스터디 그룹을 조직하라

대전에 있는 유명한 기원에서 있었던 일이다. 어느 날 백발이 성성하고 도복차림을 한 자칭 도사 한 사람이 나타나서는 "이 기원에서 최고의 고수가 누구인가? 나하고 한 판 붙어보자! 나는 계룡산에서 40년간 바둑을 연구하여 이제 바둑의 원리를 통달하였다. 이제 이 세계 바둑의 최강자는 바로 나다!"라고 외쳤다.

기원에 있었던 사람들은 깜짝 놀랐다. 그야말로 도사다운 차림새를 한 노인네가 자칭 도사라며 바둑의 원리를 죄다 알았다고 하니 믿지 않을 수도 없고, 그렇다고 처음 보는 사람에게 그 기원의 최고 고수가 바로 대국을 벌인다는 것도 뭔가 석연치 않았다. 그리하여 의논한 끝에 그 기원에서 비교적 실력이 있다고 평가를 받고 있는 초단 한 명을 그 도사에게 고수라고 소개하며 대국을 주선하였다. 대국 결과는 도사의 형편없는 패배였다. 이에 도사는 고개를 갸우뚱하면서 더 높은 고수를 요구했고, 기원에서는 1급 회원으로 하여금 도사와 대적케 하였다. 또다시 노인이 패배하자 2급 회원과 대적케 하는 식으로 하향 조정한 결과, 도사의 바둑 실력은 3급 정도의 수준이었다고 한다.

바둑에 관심이 많았던 자칭 도사는 사실 4급 정도의 실력이었던 모양이다. 바둑에 취미가 붙자 그는 바둑으로 큰돈을 벌 수 있다는 생각에 십 수년 전에 바둑 관련 서적을 전부 사서 계룡산에 들어가 혼자서 바둑 연구를 계속하였다. 가지고 간 서적을 모두 독파하고, 서적에 나와 있는 기법 외에도 나름대로 바둑 원리를 터득하여 마침내 바둑에 도를 텄다고 자신하게 되었던 것이다.

수험생들 중에는 혼자서 공부하는 것을 선호하는 사람이 있다. 특히 고시 공부를 하는 사람들은 상당수가 혼자서 도서관이나 고시원, 절 등지에서 공부를 한다. 다른 사람들과 교류하면서 공부를 하면 괜히 쓸데없는 이야기로 시간을 낭비하기도 하고, 또 어울려서 놀게 되는 경우도 있기 때문이다. 그래서 아예 인간관계를 끊고 아무도 모르는 곳으로 가서 조기 합격을 노리며 혼자서 공부하는 경우가 더러 있다. 세상과 떨어져서 오직 공부에만 집중하겠다는 뜻으로 어떤 사람은 머리를 빡빡 깎기도 하고, 어떤 사람은 수염을 기르기도 한다.

　기본적인 실력이 쌓여 있는 상황에서 몇 달간 혼자서 집중적으로 공부하는 것을 꼭 나쁘다고 할 수는 없으나, 장기간에 걸쳐 혼자서 공부하는 것은 실패의 확률을 높일 뿐이다. 시험이란, 객관적인 실력 기준을 정해 놓고 그 수준에 도달하는 것으로 뽑는 것이 아니고, 여러 사람으로 하여금 경쟁케 해놓고서 그중에서 실력이 우수한 자를 가려 뽑는 방식이다.

　따라서 수험생은 자신의 실력을 타인의 실력과 끊임없이 대조해 가면서 향상시켜야 한다. 스스로는 실력이 있다고, 시험에 관한 모든 것을 안다고 자부할 수 있으나, 그러한 자부심만으로는 시험에 통과할 수 없다. 직접 타인과 대결해 보기 전까지는 객관적인 실력을 알 길이 없다. 앞서 말한 도사와 같은 오류에 빠지기 쉬운 것이다.

　앞에서도 홀로 절에서 공부하지 말라고 한 적이 있지만, 절이 아니더라도 혼자서 공부하는 것은 바람직하지 않다. 학교 수업이라든가 학원 수강과 같이 주기적인 실력 점검이 있으면 별 문제가 없겠지만, 그렇지 않은 경우에는 특단의 대책을 마련해야 한다. 이에 대한 효과적인 방법이 스터디 그룹이다.

　같은 시험을 준비하는 사람들이 모여 스터디 그룹을 만들어

주기적—매일 하면 더욱 좋겠지만—으로 서로의 실력을 테스트할 수 있는 기회를 만들거나, 중요 문제에 대하여 토론을 벌인다면 공부는 한결 쉬워질 것이다. 아니, **혼자서 공부하고 있는 사람이라면 반드시 스터디 그룹을 만들어야 한다.** 이 책 첫머리에서 내 친구 이야기를 했는데, 결국 그도 혼자서 공부하는 과오를 반복하고 있었던 것이다.

혼자서 큰 시험을 준비한다는 것은, 달도 없는 깜깜한 밤에 목적지를 찾아나서는 것과 다를 바 없다. 물론 다행히 목적지에 도달할 수도 있을 것이다. 그러나 많은 경우는 언제 합격할지 알지 못한 채, 즉 자신의 실력이 어디에 있는지 알지도 못한 채 목적지에 도달하겠다는 일념으로 기약 없는 행진을 계속하는 것이다.

다시 한 번 강조하건대, 현재 학교 수업을 받거나 학원 수강을 하지 않는 사람이라면 필히 스터디 그룹을 만들어야 한다. 학교 수업 등을 듣는 사람도 가능하면 스터디 그룹을 만들어 공부하는 것이 효율적이다.

012

문제집을 활용하라

문제를 푸는 사람의 입장에서 보면, 문제를 푸는 것이 어렵지 문제를 내는 것은 지극히 간단해 보인다. 하지만 문제를 출제해 보면, 문제를 내는 것도 문제를 푸는 것만큼이나 어려운 일이라는 사실을 알 수 있다. 아니 실은 문제를 푸는 것보다 더 어려운 작업일 수 있다.

여러 가지 경우의 수를 생각해 내어야 하고, 혹시라도 정답 없음이나 이중 정답이 나올 경우를 면밀히 검토해야 하므로 복잡한 과정이다. 게다가 문제가 성립되었다고 하더라도 그 문제가 수험생들의 변별력을 테스트하는 데 적합한지, 또는 시험 후 이어질 앞으로 학문적 활동이나 사회 활동의 각 능력을 테스트하는 데 적합한지 등 고려해야 할 사항이 많다.

뿐만 아니라 문제를 내는 데는 창조적인 능력이 필요하다. 수험생들의 변별력을 테스트하는 데 가장 적합하고, 해답이 명쾌한 문제를 출제하는 데는 나름대로의 아이디어가 필요하다. 그런데 그런 아이디어라는 게 필요할 때 쉽게 나오는 것이 아니다. 때문에 출제자들은 강의하면서 문제 내기 좋은 아이템을 메모해 두기도 한다.

그러나 그런 준비에도 불구하고 실제로 출제위원으로 선발되어 가면, 곧 한계에 도달하게 되어 기존의 문제집들을 참고하게 된다. 물론 기존의 문제집을 베끼게 되면 곧 그 사실이 탄로 나서 지탄을 받을 우려가 있으므로 출제자에게는 부담이 된다. 이처럼 기존의 문제집에 나와 있는 문제를 베끼거나 변형한 경우에는 비난을 받을 가능성이 있는 반면, 새로운 문제의 창안은 오류의 가능성을 배제할 수 없다.

이래도 저래도 고민은 되지만, 출제자의 입장에서는 비난보다는 오류가 더 무서운 법이다. 시험문제에 오류가 발생한 경우에는 나중에 소송까지 감수해야 하는 등 위험 부담이 너무 크기 때문이다. 따라서 출제자는 새로운 문제를 창안한 후에도 검증이 되기까지는 마음을 졸이게 된다. 그래서 국내에는 출제되지 않은, 일본의 문제집에 나와 있는 문제들을 참고하기도 한다.

특히 객관식 문제의 경우에는 누구라도 출제의 어려움 때문에 출제에 한계를 느끼게 된다. 그래서 객관식 문제는 거의 90%가 기존 문제집에서 적당하게 변형하거나 이를 참고로 하여 재창조된다. 기존의 문제집에서는 전혀 보이지 않던 새로운 문제가 있기도 하겠지만, 그것은 시험 합격에 영향을 줄 만큼 많은 양은 아니다.

수험생에 따라서는 학교에서의 방식대로 기본서만을 집중적으로 공부하고, 문제집은 그냥 심심풀이로 하다가 시험에 응시하는 경우가 있다. 이런 사람은 스스로 실패의 위험성을 높이고 있음을 깨달아야 한다.

기본서에 있는 내용을 100% 이해하고, 그 내용을 자유자재로 응용하여 문제에 적응할 수 있다면야 당연히 시험에 합격할 것이다. 그러나 현실은 그렇지 못한 경우가 대부분이다. 사실 100% 이해한다는 것이 쉽지 않고, 무엇보다 시간에 쫓기기 때문에 대개 몇 회독한 것으로 전부를 이해했다고 자위하며 시험에 응시하게 된다.

이런 경우에 주관식이라면 그런대로 대응이 되겠지만, 객관식의 경우에는 문제의 취지를 파악하는 데 시간이 걸리기 마련이다. 익숙하지 않은 문제 표현 방식에 당황해 하다가 결국에는 시간 부족을 경험하게 된다. 즉 열심히 공부한 만큼 성적이 나오지 않는 것이다.

객관식 문제는 그 문제에 상응하는 방법으로 공부를 해야 쉽게 합격의 고지에 도달할 수 있다. 그것은 그 사람이 공부한 양 이상으로 높은 점수를 취득한다는 것을 의미한다.

013

의지력, 키울 수 있다!

과학적인 학습 방법은 확실히 주먹구구식 학습 방법보다 효율적이다. 똑같은 조건 아래서 대량의 대상자들을 상대로 실험하여 보다 나은 결과를 도출한 것이니, 새로운 실험으로 그보다 나은 방법을 발견하기 전까지는 당연히 우리가 따라야 할 방법이다.

그러나 따라서 실천한다는 게 마음대로 되지 않는다면 아무런 도움도 받을 수 없다. 그저 방법을 아는 것만으로는 합격의 영광을 차지할 수 없기 때문이다. 아무리 좋은 학습 방법을 가르쳐 주더라도 이를 실천할 의지력이 없으면 모든 노력이 물거품이 되고 만다. 의지력, 이것이 없으면 다른 모든 것들이 공허한 이야기가 될 수 있다. 그룹 스터디를 하고, 쪼개서 공부를 하고, 수시로 테스트를 하는 등 이제까지의 모든 방법들을 동원하여 학습 능률을 올릴 수 있지만, 이를 지속적으로 실천하는 것은 또 다른 문제이기 때문이다.

흔히들 누구는 의지력이 대단하다고 타인을 부러워하거나, 자신은 왜 의지력이 약할까 한탄하기도 한다. "다른 사람들은 도서관에서 죽치고 앉아 책을 파고 있는데, 나는 한 시간만 앉아 있으면 엉덩이에 좀이 쑤시고 눈동자가 문 쪽으로 돌아가니, 이를 어쩌란 말인가? 나는 공부 체질이 아닌가 봐. 나도 합격하고 싶고, 좋은 직장을 갖고 싶지만, 내 의지력으로는 기대난망이니 포기할까 봐." 이렇게 반은 자조하고 반은 아쉬워하면서 합격의 길을 포기해 버리는 경우가 허다하다.

이제 그런 분들에게 희망을 드리겠다. 의지력도 마음만 먹으면 얼마든지 키울 수가 있다는 사실을 가르쳐 드리고자 한다. 그 방법은 의외로 간단하다. 작은 성공을 반복하여 자신감을 얻고, 이를 바탕으로 조금 더 큰 성공으로 이전하면서 성공을 반복하는 것이다.

예를 들어, 내가 사법시험에 합격하고 싶다고 하자. 그러나 사법시험은 너무나 큰 시험이고, 과거 실력을 미래에 그대로 적용해서 시뮬레이션(simulation)을 해볼 때 도저히 불가능하다고 하자. 그럴 때는 9급 공무원시험을 쳐서 합격해 보는 것이다. 그래서 합

합격의 영광도, 세계 정복도
작은 것의 실천에서부터 이루어진다.

격을 하면 7급 공무원시험, 행정고시 등으로 합격을 반복하다 보면 사법시험도 마침내 합격의 범위에 들어오게 된다.

학교 공부도 마찬가지이다. 10등 하는 학생이 갑자기 1등을 하기는 무척이나 어렵다. 이런 경우에는 특정한 과목, 예컨대 국어나 지리 등 한 과목을 선택해서 전력을 다하여 그 과목의 1등을 해보는 것이다. 그리고 그 다음에는 한 과목을 더하여 두 개 과목에서 1등을 여러 번 하다가 마침내 전 과목에 도전해 보는 것이다. 이런 식으로 성공의 횟수를 반복하다 보면 자신도 모르게 놀라운 의지력이 생긴다.

의지력은 하늘에서 뚝 떨어지는 것이 아니다. 작은 성공, 작은 1등, 작은 합격을 반복하다 보면, 이길 수 있다는 자신감이 점점 늘어나서 마침내 큰 시험이나 목표에서도 성공의 가능성이 높아지기 마련이다. 그러다 보면 늘 1등 하는 사람, 시험에 잘 합격하는 사람도 결국 따라잡을 수 있다는 자신감을 갖게 되는 것이다.

의지력이 없다고 한탄할 필요가 전혀 없다. **작은 성공을 반복하라!** 그러면 여러분은 어느새 강력한 의지력의 소유자가 되어 있을 것이다.

아인슈타인이나 뉴턴 등 유명한 물리학자들의 글을 읽어 보면, 그들도 대단한 문장가라는 사실을 알게 된다. 그들은 공식에 대한 정확한 의미 전달을 위하여 언어적 표현도 필수불가결하다는 사실을 인식하고, 그 표현력을 높이기 위하여 많은 노력을 기울였을 것이다. 수학적 표현이든 언어적 표현이든, 지식의 습득과 전달을 위해서는 정확한 표현과 정확한 이해가 필수적이다.

　공부를 잘한다는 것도 따지고 보면 지식의 결합체로, 표현되어 있는 내용들을 빨리 이해하고 기억해서 문제 해결에 쉽게 적용하는 것을 의미한다. 따라서 **책에 쓰인 내용을 잘 이해하면 보다 효율적인 학습이 될 수 있다.** 법학이나 인문학, 사회학은 물론이고, 물리나 화학 같은 자연과학에 있어서도 언어 이해가 먼저이고 그 다음이 원리인 것이다.

정확한 언어 이해를 위해서는 사전을 잘 활용해야 한다. 흔히 수험생들은 책은 열심히 보면서도 사전을 이용하는 데 소홀한 경우가 많다. 두꺼운 사전을 갖고 다니기도 힘들고, 또 모르는 단어를 찾는 게 귀찮기 때문이다. 나는 학생들을 가르칠 때 "사전을 가까이하라, 사전을 안고 잠을 자라!"고 누누이 말한다. 이는 사전을 잘 이용하는 학생들의 성적이 지속적으로 올라가는 사실을 옆에서 지켜보아 왔기 때문이다.

사전의 중요성은 아무리 강조해도 모자라지만, 내 경험담을 하나 이야기하겠다. 자랑 같지만 고등학교—일류 고등학교는 아니지만—시절 내가 전교 1등을 했다. 거의 모든 과목에서 1등을 하였지만 유일하게 영어에서는 나를 능가하는 학생이 있었다. 그래서 그의 공부 방법을 유심히 관찰하였더니, 그는 사전을 적극적으로 활용하고 있었다.

어느 날 그가 새 영한사전을 가지고 있기에 이 사전이 다른 사전보다 좋아서 새것을 샀느냐고 물어 보았더니, 그게 아니라 헌 사전이 낡아서 새로 샀다고 하면서 아직도 헌 사전을 갖고 있다고 했다. 그의 헌 사전을 보니 얼마나 많이 찾으면서 펼치고 닫았는지 손때가 새까맣게 묻어 있었고, 갈피갈피가 흐늘흐늘해져 있었다.

가끔 그에게 내가 잘 이해되지 않는 영어 문제를 물어 보면 "응, 그건 이 사전 000 단어에 예문으로 나와 있어!"라고 대답했다. 정말 놀라운 경험이었다. 나도 그의 방법을 따라 사전을 애용하기 시작했지만, 결국 끝까지 영어에서만은 그를 따라잡을 수 없었다. 그 후 대학을 진학하고서도 나는 사전 찾기를 게을리 하지 않았다.

하지만 아무리 부지런히 사전을 이용하는 수고에도 불구하고, 또 나의 강인한 의지에도 불구하고 사전을 이용하는 것은 불편하기 그지없었다. 특히 사전 속에 있는 단어를 쉽게 찾을 수 없을 때에는 짜증스럽기도 했다. 여러분도 마찬가지였을 게다. 그럼 이쯤해서 사전과 보다 친해지는 방법을 설명하겠다.

사전을 펼쳐 보면, 영어사전이든 국어사전이든 페이지 상단 좌우측에 단어가 하나씩 기재되어 있다. 그 단어들을 유의하면서 사전을 찾는 것이다. 예컨대 내가 영어의 establish라는 단어를 찾으려고 하면, 위 상단의 좌우측 단어 사이에 establish라는 단어가 완전히 포함될 때까지 사전의 본문을 보지 않는 것이다.

즉 본문으로 establish가 어디에 있는지 찾는 것이 아니라, 상단에 예시하는 단어를 기준으로 establish의 위치가 그 페이지로 특정되기 전까지는 본문은 아예 보지도 않는 것이다. 그렇게 하면 사전을 찾는 시간이 훨씬 빨라지고, 사전을 찾는 스트레스가 반감된다는 사실을 발견할 것이다. 귀찮은 사전 찾기가 한결 편해지는 것을 느낄 수 있다.

요즘은 전자사전이 많이 나와 있어 종래의 책으로 된 사전 찾기의 의미가 퇴색된 면도 없지 않다. 그러나 종래의 사전은 찬찬히 의미를 파악할 수 있다는 장점이 있다. 따라서 일상적으로는 편리한 전자사전을 이용하더라도 때때로 책으로 된 사전을 이용해야 할 경우가 생기므로 효율적인 사전 찾기를 알아두는 것이 필요하다.

마지막으로 전자사전의 이용과 관련하여 한마디 조언을 하고 싶다. 나도 영문소설을 읽을 때에는 전자사전을 이용하는데, 빠른 의미 파악을 위해서 편리한 것이 사실이다. 또한 전자사전에는 학습을 위하여 대부분 이미 찾은 단어는 기록해 두는 기능이 있다. **모르는 단어는 반복적으로 기억을 재생해 보아야 장기기억으로 변화하여 실력이 된다.** 따라서 한 번 찾은 단어는 이를 기록해 두는 기능이 있는 사전을 구입하는 것이 좋다. 그리고는 하루에 한 번씩 그날 찾은 단어를 불러내어 기억하고 있는지 확인해 나가면, 언어 실력은 기하급수적으로 향상될 것이다.

015

즐겁게 공부하라

미국에 낸시 로페즈라는 여자 골프선수가 있다. 그녀가 만든 레슨 비디오를 보면, 자신은 골프를 즐겁게 했고 그래서 성공했다는 말이 나온다. 성공한 대부분의 사람들은 자신이 하는 일을 즐겁게 했고 그래서 성공했다고 말한다. 그런 의미에서 일이든 공부든 즐겁게 하는 것은 성공의 지름길이다. 즐겁게 하는 일은 그 자체가 기쁨이므로 피로가 덜하고, 지속함에 따라 기쁨이 증가하기 때문에 그 분야에서 앞서 갈 수밖에 없다.

그런데 솔직히, 공부가 즐거운 것들로 구성되어 있다고 말하긴 어렵다. 즐겁게 하기 위해서는 첫째로 부담이 없어야 하고, 둘째 변화무쌍하여 흥미를 끌어야 하고, 셋째로 결과가 좋아서 성취감이 생겨야 한다. 공부는 그렇지 않은 면이 많은 게 사실이다. 좋은 점수를 얻으려고 억지로 하는 공부인데 부담이 없을 수 없다.

수학공식이나 단어가 변화무쌍하다거나 현란하여 흥미를 끌지도 않거니와, 성적은 수험생들로 하여금 흥미는 고사하고 오히려 참담하게 만든다. 나름대로 열심히 했는데 성적은 오르지 않고, 합격이 아득히 멀어 보이면 입맛이 뚝 떨어진다. 공부가 즐겁다고 말한 자를 찾아서 신나게 때려 주고 싶을 것이다. 이 원수 같은 공부를 언제 때려치울 수 있을까 하는 한탄이 절로 나온다. 낸시 로페즈의 경우는 골프가 놀이니까 즐겁게 할 수 있을지 모르겠지만, 공부는 그렇지 않다고 반박할 수도 있다.

그러나 골프도 직업적으로 하는 경우에는 놀이일 수 없다. 시시각각 잘 쳐야 한다는 부담감과 마음대로 되지 않는다는 좌절감에 허탈할 때가 많다. 또한 골프는 성공하는 사람이 소수이기 때문에 공부보다 훨씬 많은 스트레스를 받게 된다. 공부는 합격자가 수십 명에서 수백 명, 크게는 1천여 명에 이른다. 그러나 골프는 기껏해야 4~5명만이 상금 리스트에 올라간다. 그런 면에서 공부가 훨씬 쉬운 방법이라는 사실을 알게 될 것이다.

어쨌거나 공부든 골프든 즐겁게 하는 게 중요하지만, 이 '즐겁게 한다'는 게 마음대로 되지 않는 것 또한 사실이다. 여기서는 즐겁게 하는 게 중요하다는 정도로 말해 두고 약간의 예만 들겠다.

'어떻게 즐거움을 찾느냐'는 계속 연구해야 할 과제이므로 앞으로도 지속적으로 다룰 것이다.

우선 사회현상 중에서 사람들을 지속적으로 몰입시키는 일들을 살펴보자. 도박의 경우 대부분의 사람들이 즐겁게 빠져든다. 낚시의 경우도 그렇다. 인간의 성행위도 즐겁게 하는 동작일 것이다. 그 외에도 개인적으로 특정한 분야에 즐거움을 갖고 있는 경우가 더러 있다. 공포영화를 좋아하거나 등산을 좋아하거나 음악을 좋아하는 등 종류도 다양할 것이다. 인위적으로 공부에 즐거움을 부여하는 것은 차후에 다시 논의하기로 하고, 여기서는 자연스럽게 본인이 좋아하는 일들과 연계하여 공부하는 방법이 좋다는 점을 지적하고자 한다.

실례를 들어 보자. 나의 상사였던 분인데, 그는 고등학교 시절에 성적인 호기심이 많았다고 한다. 공부는 잘해야겠는데 음란한 분야에 관심은 많고, 그리하여 생각해 낸 방법이 영어로 된 성인만화를 구입하는 것이었다. 영어로 된 만화를 해석하기 위하여 부지런히 단어장을 뒤적이다 보니 영어 실력이 현저히 향상되었고, 또 일단 기억한 것은 오래도록 유지되었다고 한다. 또 어떤 이는 팝송을 좋아해서 팝송에 들어 있는 영어를 부지런히 공부했다고 한다. 그래서 그런지 최근에는 팝송과 함께 배우는 영어 강좌가 생기기도 했다.

　무미건조한 수학의 경우에도 굳이 수학 책만을 파고들 것이 아니라, 유명한 수학자들의 전기나 에피소드를 읽는다거나 수학의 원리를 만화로 풀어놓은 것을 찾아보는 것도 한 방법이다. 자신이 좋아하는 일들을 공부와 연계시켜 하게 된다면 부담이 훨씬 줄어들 것이다. 또 좋아하는 일들은 지속적으로 할 수 있어 실력은 계속하여 향상될 수 있다.

016

낚시꾼 이야기 · 1

앞에서도 몇 번 암시를 준 적이 있지만, 낚시꾼 이야기가 앞으로써 나갈 학습 방법과 중요한 관련이 있어 몇 번에 걸쳐 게재할 예정이다. 선량한 강태공들이 내가 말하는 '낚시꾼'이라는 말에 흥분하지 마시기 바란다. 여기서는 어디까지나 낚시에 빠지는 사람의 심리를 설명하기 위하여 에피소드를 소개하는 과정이기에, 그야말로 순수하게 '꾼'자를 붙이기에 그럴 듯해 보여서 사용한 것뿐이다.

중학교 시절 물리 선생님께서 "세상에서 제일 멍청한 놈이 낚시하는 놈이고, 그놈보다 더 멍청한 놈이 그 옆에서 구경하는 놈이다."라고 말씀하신 적이 있다. 당시 어린 나로서는 선생님 말이 정말 지당한 것처럼 보였고, 별다른 생각 없이 그렇게 믿었다. 나로서도 하루 종일 고기 몇 마리를 잡기 위하여 물가에 죽치고 앉아 있는 것이 곱게 보이지 않았다. 재미는 있는 듯해서 나도 몇 번 해보기는 했으나, 고기를 제대로 잡지 못하자 흥미를 잃어버려 "에이, 내가 왜 멍청한 짓을 하나?" 하고 그만두었다. 그 이후로 낚시에 대하여는 별로 관심을 두지 않았다. 가끔 서점을 둘러보다 낚시에 관한 책도 있다는 정도만 알고 있었다.

그 후 대학원에 입학하여 대망의 상경을 하고, 먼 인척관계에 있는 집에서 중학생을 가르치는 아르바이트를 하게 되었다. 그런데 그 애의 아버지가 낚시를 무척 좋아해서 매일 주말이면 낚시를 하러 갔다. 밤샘을 꼬박 하고 그 다음날 와서 피로하지도 않은지 잡은 물고기를 정원의 작은 연못에 풀어놓고 좋아하였다.

그런 어느 날 나보고 낚시를 같이 가자고 하였다. 내심 싫었지만 자기 아들도 데려가겠다니 가지 않을 수도 없었다. 지금은 어딘지 기억도 나지 않는 낚시터에 저녁 무렵에 도착하여 밤샘을 하게 되었는데, 밤새도록 낚싯줄을 드리워도 나는 한 마리도 잡지 못했다. 그 애의 아버지도 피라미 몇 마리를 잡는 데 그쳐, 그날은 수확이 별로 좋지 않은 셈이었다.

그 다음날 귀가하여 집에 오니 온갖 피로가 쌓이면서 며칠간 꼼짝도 하기 싫을 정도였고, 다시는 낚시를 가지 않겠다고 다짐

했었다. 그런데 그 애의 아버지는 그 뒤로도 줄기차게 낚시를 다녔다. 참으로 이해할 수 없는 행동이었다. 만약 내가 학습이론을 배우지 못했더라면 아마도 영원히 이해하지 못했을 것이다.

그러던 어느 날, 그 애의 할아버지와 우연히 대화를 나누던 중에 낚시 이야기가 나왔다. 할아버지는 "애비의 천성은 어쩔 수가 없어!"라며 탄식하셨다.

수년 전에 아들이 친구와 낚시를 갔다가 새벽에 돌아왔는데, 밤새 아들의 친구는 물에 떠내려가서 시체조차 찾을 수 없었다고 했다. 강가에 텐트를 치고 밤새워 낚시를 하고 있었는데, 새벽녘에 잠시 눈을 붙인 사이 상류에서 폭우가 쏟아져 순식간에 강물이 불으면서 그 친구를 휩쓸어 간 것이었다. 다행히 아들은 약간 높은 지대에 텐트를 친 탓에 살았지만, 친구는 흔적도 없이 사라진 것이었다.

동네에서 죽은 이의 가족들이 울고불고 하는 광경을 목격한 할아버지는 아들의 낚시 도구 일체를 불태워 버리고, 아들에게 "다시 낚시를 가면 너는 내 아들이 아니다!"라고 의절을 통보하였다. 친구의 죽음으로 놀라고 슬픈 아들은 한 1년 정도는 낚시를 하지 않았다고 한다. 그런데 1년이 지나고 몇 개월 동안 자세히 관찰해 보니, 아들이 몰래 낚시를 다니고 있더라는 것이었다. 아들은

숨겨진 욕구가 때론 무엇보다 강한 추진력이 된다.

자기 아버지와의 의절을 염두에 두면서도 낚시하고픈 욕구를 버릴 수가 없었던 것이다.

그는 왜 그처럼 낚시를 포기할 수 없었고, 낚시에 빠져들었을까? 그 원리를 아는 분은 굳이 나의 나머지 낚시 이야기를 듣지 않아도 될 것이다. 그 뒤로 낚시 때문에 가장이 가정을 버렸다는 기사도 보고, 유선 TV에서 사람들이 큰 물고기를 잡았다가 그냥 바다에 놓아 주는 것도 보았다. 낚시하는 사람의 심리는 어떠하기에 그런 행동이 가능한 것일까?

017

글씨의 효율성

나는 모든 시험을 다 치렀다. 내가 원하지 않으면 더 이상 시험을 치지 않고 편안하게 살 수 있다. 그럼에도 불구하고 나는 아직도 글씨에 관심이 있고, 보다 나은 글씨를 쓰려고 애를 쓴다.

시험을 잘 치기 위해서는, 주어진 과제에 정확히 포인트를 맞추어 공부하는 능력이 중요하다. 대학 입시는 대학 입시에 맞게, 7급 공무원시험은 그에 맞게 하는 맞춤형 공부가 시간을 절약하고 시험에 대한 부담을 줄일 수 있다. 이러한 맞춤형 공부 중의 하나가 정리하는 것이다. 시험에 잘 나오는 테마나 문제들을 자신의 스타일에 맞게, 또 시험에 맞게 정리하는 것이다. 잘 정리된 타인의 노트를 가져다 보아도 자신의 스타일에 맞지 않는 경우가 많고, 내 것이 아니니 다른 책과 마찬가지로 친근감이 떨어진다.

시험에 맞추어 자신이 정리한 노트 또는 교과서가 필요하다. 여기서 말하는 교과서란, 교과서 여백에 부기하거나 필요한 내용을 접착식 메모지로 정리한 것을 말한다. 수험생 자신의 정성이 들어간 노트나 교과서는 시험에 대한 완벽한 무기이며, 수험 직전에 2~3번 읽어야 할 보물이고 비밀 무기이다. 이 비밀 무기를 잘 활용하느냐 못하느냐에 따라 합격의 당락이 결정되기도 한다.

이 비밀 무기를 만드는 과정에 필요한 것이 필기이고, 그 필기는 나중에 스스로 쉽게 판독할 수 있을 정도로 잘 쓰여 있어야 한다. 그러기 위해서는 잘 쓴 글씨가 필요하다. 자신에게 필요한 내용만을 골라 정리해 두었으나, 나중에 그 정리된 것을 보기가 어려워 짜증스러워진다면 의미가 반감될 수밖에 없다. 물론 정리하는 과정만으로도 어느 정도 실력이 향상되기는 한다. 그러나 일단 정리한 것을 반복함으로써 단기기억을 장기기억으로 전환시켜 완전한 실력으로 만드는 데는 실패하게 된다.

굳이 아름다움을 느낄 정도의 명필일 필요는 없지만, 나중에 쉽게 알아볼 수 있고, 친근감이 가는 글씨를 만드는 노력이 필요하다. 나는 고등학교 시절까지 필체가 나빴다. 그 당시에는 객관식 문제만 있었고, 또 고등학교 수준이라 많은 양의 지식이 필요하지 않아 일정 수준의 공부량만 유지하면 그런대로 지낼 만했다. 그러다가 대학에 들어오자 주관식 문제가 많아졌고, 또 나름대로 정리해야 할 부분이 많아졌다. 공들여 정리해 둔 것을 막상 시험 직전에 기억을 재생하기 위하여 들여다보면, 엉성한 글씨 때문에 짜증이 났다. 심지어는 정리해 둔 것을 버리고 다시 교과서를 보게되었다. 더욱이 교과서에다 정리를 해야 할 단계에 이르자 나쁜 글씨는 책을 엉망으로 만들었다.

노력에 비하여 실력 향상이 적었고, 또 시험 성적이 오르지 않았다. 그래서 펜글씨 교본을 사서 여러 권을 연습했다. 앞서 나의 친구 중에는 펜 하나에도 신경을 쓰는 사람이 있다고 소개한적이 있다. 그는 항상 성적이 좋았고, 또 정리도 잘하였다. 그를 본받아 나도 열심히 글씨 연습을 하였다. 그러자 점차 내가 정리한것으로 반복학습을 할 수 있게 되었고, 시험 성적도 점차 향상되어 갔다. 그 뒤로 사법시험에 합격하여 연수생으로 수습하는 과정에 전동타자기가 보급되자, 나는 즉시 이를 구입하여 실무에 활용하였다. 이어 컴퓨터가 도입되어 손으로 정리하는 양은 점차 줄어들었다.

하지만 그럼에도 불구하고 아직도 글씨의 효용성은 부정할수 없다. 컴퓨터로 대부분을 정리하더라도 교과서 여백에다 부기하는 방식을 취할 때에는 여전히 글씨의 중요성이 드러난다. 비단 교과서 여백에다 정리하는 것뿐만이 아니라, 조그마한 메모나 정리는 컴퓨터를 이용하기보다는 손 글씨로 정리하는 게 훨씬 효율적인 경우가 많다.

나는 대학과 대학원 시절을 거치면서 꾸준하게 글씨에 관심을 갖고 보기 좋은 글씨를 만들려고 노력했다. 그리고 최근까지 서예 공부를 하여 글씨 향상에 노력했다. 글씨는 시험에만 필요한 것이 아니다. 글씨는 일상생활의 모든 것들을 정리하고 기록하는 데 중요한 도구이며, 이를 이용한 효율적인 생활 관리는 결국 사회생활의 성공에 이른다는 사실을 깨달았기 때문이다.

일반인들에게도 메모하는 습관이 결국 성공을 만들어낸다는 말이 적용되듯이 수험생은 반드시 글씨 연습을 해두는 게 좋다. 글씨 연습을 어렵게 생각할 필요는 없다. 책을 읽으며 머리가 복잡할 때, 펜글씨 교본을 펼쳐 두고 무념 무상한 상태에서 그냥 써 나가면 된다. 실은 쓰는 과정에 들어가는 손동작이 많은 시름을 잊게 해주기도 한다.

주관식 시험은 글씨가 성적에 많은 영향을 준다. 비유하자면, 여자를 처음 보았을 때 예쁜 여자가 마음씨도 착하고 공부도 잘할 것처럼 보인다는 뜻이다. 주관식 시험의 채점관의 눈에는 오직 글씨만이 보인다. 글씨를 쓴 사람의 능력은 여인의 마음과 거의 같다고 보면 된다. 예쁜 여자가 마음이 착한 것은 아니다. 사실 그 여자의 마음이 고운지 아닌지를 알기 위해서는 상당한 교제 기간이 필요하다. 주관식 시험 채점관들은 대부분 많은 시험지를 읽어야 하고, 한 수험생의 시험지를 읽는 시간은 그것을 쓴 사람의 노력에 비하면 거의 순간에 가깝다고 볼 수 있다.

예쁜 여인이 그렇듯이, **예쁜 글씨로 쓴 답안지는 호감을 준다**. 그래서 남자 교수들이 채점하는 한 여성 수험생들이 좋은 점수를 받는 경우가 많다. 어쨌거나 좋은 글씨는 수험 과정이나 일상생활을 효율적으로 만들어 줄 뿐만 아니라, 시험 자체의 성적을 올리는 데 도움을 준다. 그러므로 수험생으로서는 관심을 갖고 글씨 연습에 많은 시간을 투자해야 할 것이다.

내가 사법연수원에 다닐 때의 이야기이다. 그때는 지긋지긋한 고시공부에서 벗어나 인생을 즐기고 싶은 심정이 간절할 시기였다. 그렇지만 당시는 합격자 수를 300명으로 늘려서 전원이 판사나 검사로 임관되지 않고 일부는 변호사로 개업을 해야 하는 처지라, 사법연수원에서도 경쟁이 시작된 때이기도 했다. 놀고 싶은 심정과 임관을 해야 된다는 부담감 사이에 갈등을 느끼면서 대부분의 연수생들은 다시 법서와 판례 공부에 전념해야 했다.

그렇게 1년쯤 지날 무렵이었다. 누구는 각종 신상명세서에 취미를 '판례 읽기'라 적었다고 하고, 또 서로 소개를 할 때 그렇게 말했다는 이야기도 들렸다. 판례란 대법원에서 유사한 사례에 관하여 동일한 결론에 도달하도록 예시한 것으로, 사실상 재판의 기준이 되었다. 법조인이라면 그 판례를 얼마나 많이 알고 있느냐에 따라 실력이 판가름 난다고도 할 수 있다. 판례는 문장이 길고 복잡한 추상어와 잘 모르는 사건 내용이 어우러져 참으로 읽기가 어렵다. 직선적으로 표현하지 않고 예외적인 상황을 한 문장으로 표현하다 보니 빙빙 둘러서 말하는 것처럼 들리고, 경우에 따라서는 문맥의 흐름을 잃어버리는 경우도 허다하다.

판례를 잘 알아야 판·검사가 될 수 있고, 사법연수원에서 뽑낼 수도 있는 처지인지라 모두들 판례 연구에 정성을 다하는 것이 사실이다. 그러나 그 공부가 고통스러운 것 또한 사실이었다. 이런 상황에서 판례를 읽는 것이 취미가 되어 마냥 즐겁게 할 수 있으면 얼마나 좋겠는가? 취미니까 부담이 적을 수밖에 없고, 또 즐거움이 있으니까 더 많이 공부할 수 있을 테니, 소위 가재 잡고 도랑치는 일석이조의 효과를 거둘 수 있다. 나중에 판례 읽기를 취미라고 한 연수생은 좋은 성적으로 연수원을 수료하여 희망하던 판사에 임용되었다.

여기서 우리가 주목해야 할 점은, 골치 아픈 공부를 취미와 같이 아주 즐겁게 할 수 있는 방법이 있다는 부분이다. 공부를 즐겁게 할 수 있으면 공부를 함으로써 즐거움을 얻고, 또 공부를 하니까 좋은 성적을 거둘 수 있고, 좋은 시험에 합격할 수 있으니 이

당신의 즐거운 노력이
당신을 성공의 길로 이끈다.

보다 더 바랄 것이 있겠는가! 수험생이라면 말이다. 혹 이 글을 읽는 독자들 중에는 "공부를 즐겁게 한다고?" 코웃음을 치면서 속으로 "미친 놈!"이라고 욕하는 사람도 있을 것이다. "어찌 이 고통스런 공부를 즐겁게 한다는 말인가?"라고 반문할 수도 있다. 하지만 의외로 공부에 즐거움을 느끼는 사람이 많은 것도 사실이다. 최근에 만난 어떤 후배 검사는 수사 시스템을 연구하면서 '지적 오르가슴'을 느꼈다고 한다. 즉 공부하는 것에 단순한 즐거움이 아니라 황홀한 감정마저 느낀다는 것이다.

앞에서 낚시꾼 이야기를 했지만, 낚시를 해보지 않은 사람은 낚시에 미쳐서 가정을 버리고, 생명의 위험마저 무릅쓴다는 사실을 이해하지 못할 것이다. 마찬가지로 공부하는 데 즐거움을 느낀다는 말은 더더욱 이해하기 어려울 것이다. 그러나 분명히 말해 두지만, 공부하는 데도 즐거움을 느낄 수 있고, 심하면 황홀한 감정을 느낄 수도 있는 것이다.

모름지기 수험생들이라면 그 골치 아픈 공부를 즐겁게, 행복하게 하는 방법을 찾아야 할 것이다. 학습이론을 따르면 그러한 방법들이 불가능하지만은 않다. 행동주의 학습이론은 '인간의 행동이란 강화(reinforcement)와 소거(extinction)에 의하여 변경할 수 있다'는 것이며, '특별한 학습 방법으로 공부를 취미로 만들 수 있다'는 것이다. 마땅히 수험생이라면 **스스로 공부에 취미를 갖도록 만드는 것이 최상의 공부 전략**이 될 것임에 분명하다. 공부해서 즐겁고 합격해서 인생이 보장된다면, 이보다 더 좋은 수험 방법이 있겠는가?

〈참고 판례〉

대법원 2008.11.13. 선고 2006다1442 판결【공사대금 등】

[집56(2)민,115;공2008하,1661]

【판시사항】

[1] 채권자가 채권자취소권을 행사하면서 자신의 채권액을 초과하여 가액배상을 구할 수 있는지 여부(소극)

[2] 채무자가 동시에 여러 부동산을 수인의 수익자들에게 처분하여 채무초과 상태가 되자 채권자가 그 수익자들을 공동피고로 하여 사해행위취소 및 원상회복을 구한 경우, 각 수익자들이 부담하는 원상회복의무의 대상이 되는 책임재산 가액의 합산액이 채권자의 피보전채권액을 초과할 때 법원이 각 수익자에게 반환을 명하여야 하는 금액의 범위

【판결요지】

[1] 사해행위취소로 인한 원상회복으로서 가액배상을 명하는 경우에는, 취소채권자는 직접 자기에게 가액배상금을 지급할 것을 청구할 수 있고, 위 지급받은 가액배상금을 분배하는 방법이나 절차 등에 관한 아무런 규정이 없는 현행법 아래에서 다른 채권자들이 위 가액배상금에 대하여 배당요구를 할 수도 없으므로, 결국 채권자는 자신의 채권액을 초과하여 가액배상을 구할 수는 없다.

[2] 채권자가 어느 수익자(전득자 포함)에 대하여 사해행위취소 및 원상회복청구를 하여 승소판결을 받아 그 판결이 확정되었다 하더라도 그에 기하여 재산이나 가액의 회복을 마치지 아니한 이상 채권자는 자신의 피보전채권에 기하여 다른 수익자에 대하여 별도로 사해행위취소 및 원상회복청구를 할 수 있고, 채권자가 여러 수익자를 상대로 사해행위취소 및 원상회복청구의 소를 제기하여 여러 개의 소송이 계속 중인 경우에는 각 소송에서 채권자의 청구에 따라 사해행위의 취소 및 원상회복을 명하는 판결을 선고하여야 하며, 수익자가 가액배

상을 하여야 할 경우에도 다른 소송의 결과를 참작할 필요 없이 수익자가 반환하여야 할 가액 범위 내에서 채권자의 피보전채권 전액의 반환을 명하여야 한다. 그리고 이러한 법리는 채무자가 동시에 여러 부동산을 수인의 수익자들에게 처분한 결과 채무초과 상태가 됨으로써 그와 같은 각각의 처분행위가 모두 사해행위로 되고, 채권자가 그 수익자들을 공동피고로 하여 사해행위취소 및 원상회복을 구하여 각 수익자들이 부담하는 원상회복의무의 대상이 되는 책임재산의 가액을 합산한 금액이 채권자의 피보전채권액을 초과하는 경우에도 마찬가지이다.

019

낚시꾼 이야기 · 2

낚시꾼들이 낚시에 몰두하는 이유는 간단치가 않다. 그냥 재미있다는 말로 치부해 버리면 간단하겠으나, 그 원리를 알려고 하는 것은 인간의 행동을 이해하여 우리들의 학습에 응용하고자 함이다. 낚시꾼들이 낚시하는 것처럼, 또 어느 사법연수생이 판례 공부를 취미로 하는 것처럼 공부에 몰두할 수 있다면, 독자들은 쉽게 공부하고 남들보다 쉽게 많은 지식을 쌓아서 합격의 영광을 앞당길 수 있을 것이다.

「낚시꾼 이야기 · 1」에서 나오는 낚시광 아버지는 낚시에 변함없는 쾌감을 느끼고 있는 반면에 필자는 전혀 그렇지가 않은 이유는 무엇일까? 내가 만약에 그날 그 애의 아버지와 같이 낚시를 갔을 때 붕어를 몇 마리 낚고, 그 붕어를 현지에서 맛있게 끓여 먹었다면 어땠을까? 그날 그렇지 않았다고 하더라도, 그 뒤에 또 가서 재미있는 일들을 겪었다면 어땠을까? 분명 낚시에 대한 태도가 달라졌을 것이다.

달리 말하면, 낚시하는 나의 행동에 어떤 보상(reward)이 따라주어 그 행동이 강화(reinforcement)되었다면 나도 지금쯤은 낚시에 중독되어 있을지도 모른다. 운이 나쁘게도(?) 나는 그런 보상을 받지 못했고, 낚시를 가는 행동 또한 강화되지 않았다. 이로써 나에게 낚시는 그리 재미있는 일이 아니게 된 것이다. 반면에 그 애의 아버지는 이미 그전에 낚시로 인하여 많은 보상을 받아서 그 행동이 철저하게 강화되어 있었다. 그래서 한두 번 보상을 받지 못하더라도, 또는 죽음과 같은 위협 속에서도 철저하게 강화되어 있는 그 일을 포기할 수 없었던 것이다.

우리가 좋아하는 일이나 취미를 자세히 관찰해 보면, 어릴 때 그 일에 대하여 보상을 받았던 기억이 있을 것이다. 보상이라면 돈일 수도 있고, 칭찬·관심·우정 등일 수도 있다.

어떤 학생이 물리 성적이 잘 나왔을 때 물리선생님이 수업시간에 특별히 그 애를 일으켜 세워 아무개는 물리를 잘한다고 칭찬을 해주었다고 가정해 보자. 그 애는 물리 공부에 엄청난 자신감과 흥미를 갖게 될 것이다. 물리를 잘하게 되면 선생님으로부터 칭찬을 받게 되고, 동급생들로부터 선망의 대상이 된다는 사실에 매료되어 그 애는 더욱더 물리를 공부하게 될 것이다. 그리하여 더 좋은 물리 성적을 받을 것이고, 계속하여 칭찬 받을 가능성이 많아지게 된다.

이처럼 우리가 학습을 효율적으로 하기 위해서는, 공부하는 우리들의 행동을 다른 사람들이 칭찬해 주거나 관심이 필요하다. 금전적으로 보상해 준다면 더 열심히 공부할 수도 있다. 다만 문제는, 그것은 타인이 해주어야 할 일이므로 내가 만들 수는 없다는 점이다.

낚시와는 다르게 우리의 행동을 우리가 강화하여 더욱더 열심히 공부하게 만드는 것은 쉽지 않다. 공부는 어렵고 시험 점수는 잘 나오지 않는데, 어떤 방법으로 공부하는 행동을 강화시켜 낚시처럼 공부에 빠지게 만들 수 있겠는가? 불가능해 보인다. 많은 수험생들이 스스로 각오를 다지고 최후의 의지를 다했지만, 결국 나가떨어지며 "아~ 나는 안 되는구나!" 포기해 버린다.

스스로를 강화하여 공부에 전념하게 할 수 있다면 합격이 어려울 리 없다. 공부하는 일이 즐거운데 열심히 공부하지 않을 리 없고, 열심히 공부한다면 대부분의 시험에는 합격하게 되어 있기 때문이다. 나는 그러한 방법을 알고 있고, 이제 여러분과 나누려고 한다. 스스로의 강화 방법을 모두가 알고 응용할 수 있다면 사실 시험은 점점 더 어려워질 것이다. 그러나 이 글을 읽는 사람들은 소수에 불과하기 때문에 다른 사람들이 그러한 방법을 알고 있다고 염려할 필요는 없다.

여기서는 한 가지만 기억하자. 우리가 어떤 일에 취미를 갖게 되거나 쾌감을 느끼는 것은, 그 일에 대하여 우리가 알거나 또는 모르는 보상을 받아 강화되었다는 사실 말이다. 그것이 수차에 걸쳐 이루어졌다면, 상당한 정도로 강화되어 정말 그 일에는 자신이 있는 것으로 고착되었다 할 것이다. 낚시를 잘한다고, 낚시를 해서 고기를 많이 잡았다고 칭찬을 받거나 관심의 대상이 되었다면 낚시꾼이 되는 길로 들어선 것이다. 그런 방법으로 독자 여러분을 '공부꾼'으로 만들어 보려는 것이다.

020

어머니들의 착오

보통 공부는 괴롭다. 수험공부는 더 괴롭다. 아무런 재미도 없는 일인데다 정해진 기간 내에 목표하는 학습량에 이르자면 많은 인내심이 필요하다. 합격에 꼭 필요하고, 나중에 사회생활에 엄청난 도움이 되며, 궁극적으로는 안정된 미래를 보장하는 공부이건만 하기 싫은 것은 어쩔 수 없는 일이기도 하다. 그래서 다이내믹한 게임에 빠져 청춘을 허비하고 있는 청소년과 장년층도 많다.

청춘을 게임 등에 허비한다면 나중에 어떠한 결과가 나올지 대체적으로 예상하면서도, 확률이 극히 낮은 일들을 기대하면서 시간을 낭비한다. 꼭 공부를 잘해야 성공하는 건 아니라고 큰소리친다. 다른 재능, 예컨대 연기·개그·운동 등으로 성공하는 사람도 있다고 스스로를 위로하면서 공부 안 해도 번듯하게 성공할 것을 기대한다. 기대와 상상은 자유이고, 공부 외에 자신에게 다른 재능이 있다면 두말할 필요도 없다. 다만 현재 어떤 종류의 시험공부를 하고 있다면, 대체로 다른 출중한 재능은 없는 것으로 봄이 타당할 것이다.

대부분의 수험생들에게 공부는 재미없고 힘든 일이지만, 공부 자체가 그런 것은 아니다. 공자님은 '배우고 때로 익히면 또한 즐겁지 아니한가'라고 말씀하셨다. 공부가 그렇게도 즐거운 일이라는 것이다. 낚시도 마찬가지이고, 도박도 마찬가지이다. 옆에서 지켜볼 때에는 그게 즐겁거나 괴로운 어떤 경향을 가지고 있는 것이 아니라, 그저 하나의 과제일 뿐이다. 그런데 어떤 사람에게 대단한 즐거움으로, 어떤 사람에게는 한없이 괴로움으로 느껴진다.

왜 그런 현상이 일어나는 것일까. 그것은 어릴 때부터 강화(reinforcement)와 소거(extinction)가 작용하여 점차 성장하면서 그렇게 느끼게 되는 것이다. 이러한 강화와 소거는 주로 어머니로부터 제1차적으로 이루어진다. 그 외에 아버지, 형제자매, 취학 후에는 학교 선생님, 동급생 등에 의하여 이루어진다. 그중에서 특히 어머니의 영향이 절대적이다. 어머니는 어릴 때부터 가장 많은 시간을 아기와 직접 접촉하면서 행동의 방향을 결정하기 때문이다.

공부를 싫어하는 행위, 나쁜 말버릇을 사용하는 행위, 난폭

96

한 행동, 불규칙한 생활태도 등이 대부분 어머니로부터의 강화와 소거에 의하여 형성된다. 나는 대학·대학원 시절 학비를 벌기 위하여 계속적으로 가정교사 아르바이트를 했는데, 그중에는 학생과 같이 먹고 자는 입주 가정교사도 있었다. 사실 그때의 경험이 나의 학습이론의 발전에 많은 영향을 주었다. 애들의 부모는 자신들이 원하지 않는 방향으로 애들을 강화시키는데, 아무리 이론을 설명해도 들을 때에는 그렇게 하겠다고 해놓고서는 돌아서면 달리 행동한다.

　나중에 나도 자식을 갖게 되어 실제로 적용을 해보니 정말 쉽지 않은 일이라는 것을 깨달았다. 동시에 그 이론이 타당하다는 결론도 얻었다. 어머니는 애들이 바람직한 행동을 하면 잘하는 일이라고 '무관심'하다가 나쁜 행동을 하면 즉각적인 '관심'을 나타내었다. 마치 해야 될 일이 생긴 것처럼, 하지 않으면 안 될 일인 것처럼 관심을 나타낸다. 애가 아름다운 말을 사용해도, 책을 읽고 있어도, 규칙적인 생활을 해도 아무런 관심을 표하지 않는다.

　그러나 애가 나쁜 행동을 하거나, 욕설을 하거나, 소위 농땡이를 치며 공부를 하지 않고 빈둥거리면 여지없이 관심을 나타낸다. 그런 행동을 해서는 안 된다, 욕설을 해서는 안 된다, 왜 공부를 하지 않느냐는 등 필요 이상의 관심을 나타낸다. 그뿐이 아니다. 빈둥거리는 애에게 다가가서 '이쁘다'고 말하고, 친근감을 나타내고, 다독거린다.

칭찬이나 꾸지람이거나 모두가 관심의 표명이기 때문에 그 직전의 행동을 강화한다. 노는 학생에게 왜 노느냐고 꾸지람을 하는 것은 바로 그 학생에게 "부지런히 놀아라!"라는 말과 같다. 멍청하게 텔레비전을 보고 있는 애에게 접근하여 귀엽다고 안아 주는 것은 열심히 텔레비전을 보라는 격려와 같다.

이런 식으로 강화가 이루어지면 전반적으로 애들의 행동은 엉망이 되고, 공부는 점차 멀어지게 된다. 만약에 애들이 공부를 할 때나 바람직한 행동을 할 때 즉각적으로 관심을 표명한다면 상황은 달라진다. 애가 외로이 자기 방에서 공부를 할 때 관심을 나타낼 수 있는 부모는 그리 많지 않다. 오히려 어머니들은 거실에서 텔레비전을 보면서 희희낙락하고 있는 경우가 많다.

어머니도 텔레비전을 끄고 책을 보면서 애들이 외로이 공부한다는 느낌을 주지 않으면 좋으련만, 애들에게 접근하여 잠시라도 쓰다듬어 주고 어려운 점을 들어주는 행위를 보이면 좋으련만, 현실은 그렇지가 않다. 또 이론을 안다고 해도 실제로 실천하기는 쉽지 않다. 정상적으로 행동하는 것은 눈에 띄지 않고, 비정상적으로 하는 행동은 눈에 거슬려 당장 시정해 주고 싶은 강렬한 욕구를 느끼기 때문이다.

요약하면, 공부하는 일에 대하여 칭찬이나 관심을 받거나 보상을 받는다면 공부하는 일이 즐거워진다. 공부를 하는 과정은 비록 힘들지만, 공부해서 얻은 지식으로 타인과의 대화가 윤택해질 수 있고, 학교나 사회의 각종 시험에 합격할 수 있고, 미래의 윤택한 생활이 보장되어 있으니 즐겁지 않을 수 없다. 아주 뛰어나게 잘하면 사회적 명성마저 얻을 수 있으니, 공부하고 연구하는 일보다 더한 즐거움이 없다.

그러나 이미 주어진 현 상황이 위 이론을 안다고 해서 해결되지는 않는다. 앞에서 말했듯이 이제 성장한 수험생에게 관심을 가져 주거나 보상을 주는 부모가 없기 때문이다. 따라서 스스로 강화를 해가면서 성공의 길로 나아가야 한다. 즉 자기 강화를 하는 기술을 배워야 하는 것이다.

021

컴퓨터 게임과 학습

앞에서 낚시꾼 이야기를 했지만, 그 유사한 것으로 컴퓨터 게임 중독도 있다. 아무리 컴퓨터 게임에 숙달하더라도 그 자체로서는 아무런 보상도 없다. 예외적으로 프로게이머 수준에 도달한다면 게이머를 대상으로 한 대회에서 상금을 탄다든지, 새로운 게임 개발에 참여한다든지 하여 수입을 얻을 수 있을 것이다. 그러나 그러한 사람은 소수이고, 대부분의 게임 중독자들은 시간과 돈을 낭비하면서 인생을 허비하고 있다.

도박의 경우도 일종의 게임이지만, 그것은 돈이라는 재화를 얻기 위해서 이루어지는 행위이기 때문에 이해 못할 것도 없다. 그러나 아무런 보상도 기대할 수 없는 게임에 중독되는 사람을 보면, 인간의 행동 원리를 모르는 상태에서는 이해하기 어려운 면이 있다.

그 반대의 경우도 유사하다. 공부를 하면 성공이 보장되고, 이로 인하여 온갖 보람과 쾌감을 누릴 수 있는데 왜 기피하는지 이해가 안 될 수도 있다. 공부라는 훌륭한 보상 획득 수단을 회피하고, 아무런 보상도 없는 게임에 몰두하는 사람을 보면 언뜻 행동과학의 원리가 틀린 것은 아닌지 의심이 들 수도 있을 것이다.

그러나 자세히 살펴보면 두 가지 다 이해할 수 있는 행동들이다. 공부의 경우에는 그 보상이 어마어마하고 굉장히 좋지만, 상대적으로 아주 먼 시간 후에 나타난다. 반면 게임의 경우에는 보상이 아주 미미하지만, 그 결과가 즉각적으로 나타난다. 또 공부의 경우에는 머리를 써야 하니 수행 중에 피곤한 상태가 지속되는 반면에, 게임의 경우에는 화면에 따라 키보드를 누르기만 하면 되니까 극히 단순하다. 게임의 보상이란, 주어진 과제에 따른 적절한 반응을 했다는 성취감뿐이다. 아주 보잘것없지만, 즉각적인 결과를 알 수 있기 때문에 사람의 마음을 끄는 것이다.

그렇다면 학습도 게임과 같이 즉각적인 결과가 나오게 만들어야 할 것이다. 성질상 게임처럼 즉각적인 결과가 나오게 설계하는 것은 어렵지만, 그렇다고 공부를 하고 나서 일주일 또는 한 달후에 결과가 나오는 식으로 공부 계획을 짠다면 흥미를 불러일으

게임의 장점을 학습에 활용하자.
놀이가 된 공부를 이제 즐기기만 하면 된다.

키기가 어려울 것이다. 한 시간 또는 두세 시간 공부를 한 다음에 바로 테스트를 거쳐 결과를 확인할 수 있다면 훨씬 나은 상황을 만들어낼 것이다.

예컨대 한 시간 수업을 하고 나서 10분간 테스트를 거치면, 수업에 참여한 사람은 한 시간 수업을 제대로 하게 되고 테스트 후에 성취감도 높아진다. 다만 이렇게 하기 위해서는 교사나 교수들의 많은 준비와 훈련이 필요하기 때문에 보편적으로 실현되지 않고 있다. 그러나 강좌에 따라서는 이러한 교수법을 채택하는 경우가 있고, 요즘 상당수의 책들은 절이나 장이 끝난 뒤에 몇 문제를 배치하여 위와 같은 공부 방법을 유도하고 있다.

혼자서 공부하는 사람은 그런 상황을 만들기 어렵겠지만, 그룹 스터디를 하는 사람이라면 모여서 공부한 다음에 각자 어렵다고 생각하는 문제를 제시하여 함께 풀어 볼 수 있을 것이다. 이렇게 하면 '지연된 결과 보기'가 한결 '빠른 결과 보기'로 바뀌며 공부도 컴퓨터 게임처럼 흥미를 끌게 된다.

022 수준 낮은 문제집을 선택하라

컴퓨터에 의한 글쓰기와 인쇄 덕분에 보다 보기 쉽고 이해하기 쉬운 참고서와 문제집들이 쉬지 않고 쏟아져 나오고 있다. 그래서 요즈음은 흑백이나 한두 가지 글자체로 빽빽하게 서술한 참고서나 문제집들은 거의 없다. 공부하는 이들이 눈요기를 해가면서 공부할 수 있도록 다양한 글자체에다 컬러까지 입히고, 재미있는 그림까지 덧붙인 학습서들이 대부분이다.

수십 년 전에 공부하던 사람들은 현재 참고서와 문제집을 보고 "이렇게 좋은 책들이 있는데, 공부하는 게 뭐 그리 어렵다고 엄살이냐?"며 반문하기도 한다. 그러나 요즘 수험생들은 예전과 달리 TV, 영화, 컴퓨터, 게임 등 온갖 볼거리·놀거리들에 둘러싸여 있다. 그렇기 때문에 상당히 보기 쉽고 컬러풀하게 만든 교과서나 수험서들도 학생들의 눈길을 끌지 못하는 것이다.

결국 수험생들과 책의 거리는 좁혀지지 않고 있다. 그런데 이런 상황에서 조금이라도 어려운 책을 산다면 그것은 바로 돈과 시간의 낭비이다. 학교나 학원에서 교재로 쓴다면 부득불 보지 않을 수 없겠지만, 그렇지 않은 경우라면 이해하기 힘든 책이나 풀기 어려운 문제는 수험생들에게 좌절감만을 안겨 준다.

따라서 문제집을 고를 때에는 연습문제 중 80~90%는 풀 수 있는 문제집을 골라야 한다. 또는 그런 문제가 장이나 절마다 붙어 있는 교재를 선택해야 한다. 너무 쉽게 느껴지더라도 80~90%를 풀고 몇 문제만 틀리면 자신감이 붙게 마련이다. 반대로 20~50% 정도 맞추고 50~80%를 틀린다면, 이것은 본인에게는 맞지 않는 문제집이라 할 수 있다. 계속해서 보기도 어려울 뿐만 아니라, 마침내 공부하기를 포기하게 만들 것이다.

쉬운 문제집을 선택하라. 남들이 비웃더라도 **성취감을 높여야 계속 공부에 흥미를 가질 수 있다.**

023 공부하는 행동을 때려라

「어머니들의 착오」 편에서도 이야기했던 부분이기는 하지만, 수험생들도 그 원리를 알아두는 것이 좋을 듯하여 더 자세히 설명하고자 한다.

인간들의 행동이란 것이 꼭 책의 단원처럼 분리될 리가 없다. 행동이란 공부하다가 중간에 놀기도 하고, 밖에 나가서 책을 사기도 하지만 게임방에 들러서 놀다가 오기도 한다. 이러한 연속적인 행위에서 관심을 나타내야 할 부분, 부분을 찾아내야 하는 것이다. 잘못하면 의도하지 않게 노는 행위를 강화하는 실수를 저지르게 되므로, 평소 학생이나 수험생의 행동 양상을 자세히 관찰한 다음 정확한 타이밍에 강화에 나서는 것이다.

강화를 한다는 것은 관심을 표명해 주거나, 신체적 접촉으로 친근감을 표시하거나, 맛있는 음식이나 선물을 제공하는 등 학생이나 수험생의 기분을 좋게 하는 것은 대부분 포함된다. 유치원이나 초등학교 저학년생에게는 초콜릿 등 과자를 사용하는 경우가 많고, 성장하여서는 축구 등 하고 싶은 것에 기회를 제공하는 것도 포함된다.

처음에는 품이 들지만, 공부하는 행동의 전부에 대하여 강화를 해주는 것이 바람직하다. 만약에 수험생이 공부를 하기 위하여 책상에 앉아 책을 읽기 시작한다면 즉시 "우리 아들(딸), 공부하는구나!" 하고 즉각 반응을 보이는 것이다. 이 한마디만 해주어도 도움이 된다. 어떤 방식으로든 공부하는 모습을 보일 때에는 여러 가지 강화 수단을 동원하여 다양한 방법으로 빠짐없이 강화해 주도록 하자.

반면에 바람직하지 않는 행동이 나타났을 때에는 속이 뒤틀리고 부아가 치밀어도 참아야 한다. 입이로든 얼굴 표정으로든 전혀 무관심한 듯이 보여야 하는 것이다. 여기에 관심과 칭찬의 망치가 있다고 치자. 그 망치로 공부하는 행위를 때려야 한다는 것이다. 꾸지람과 매질의 망치로 부정적인 행동을 때려 보아야, 그 행동은 감소되지 않는다. 오히려 조금씩 증가하고, 대신 공부하는 행동과 같은 바람직한 행동은 큰 폭으로 감소해 버린다.

꾸지람과 매질이 효과가 있다고 오류가 생기는 것은, 꾸지람과 매질을 한 직후 상당기간 부정적인 행위가 줄어들기 때문이다. 그러나 이것은 단기간의 효과에 지나지 않는다. 부정적인 행위는 일시적으로 줄어들지 모르지만, 그 행위에 대한 욕구는 증대되어 일정 기간이 지나면 큰 폭으로 증가하는 경향이 있다.

이것을 표로 나타내면 다음과 같다. 관심과 칭찬의 망치로 때려 공부하는 행위를 강화시켜야 한다.

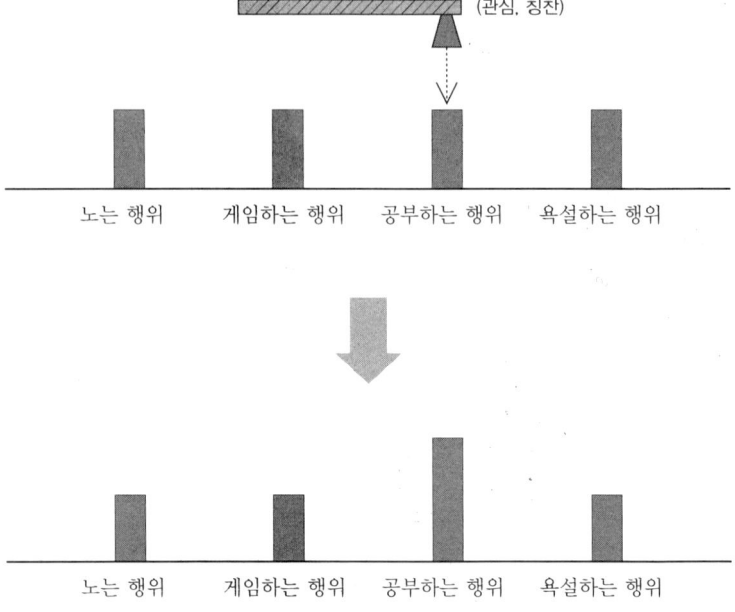

마찬가지로, 잘못하는 행동에 대하여 꾸지람과 매질로 닦달한다고 하여도 그 행위는 줄어들지 않고 오히려 늘어나게 된다. 의도하는 바와는 전혀 다른 결과를 초래함에도 불구하고, 현재 많은 부모들은 그릇된 판단 하에 아이들을 잘못된 길로 유인하고 있다.

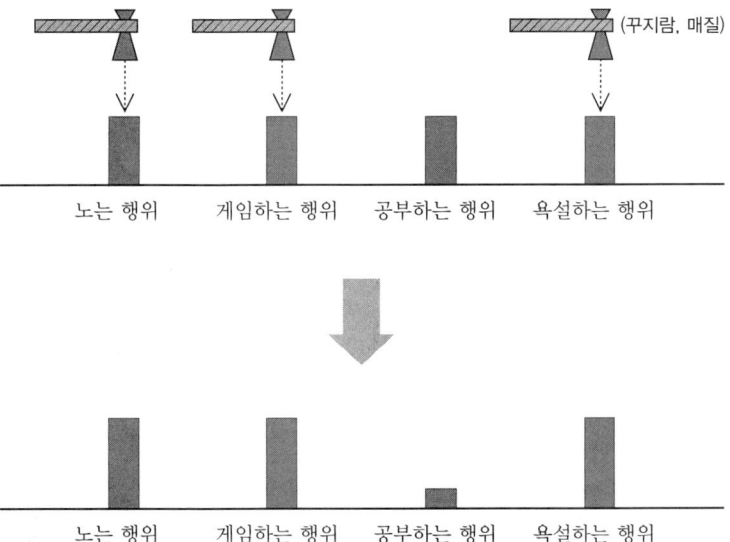

이 글을 읽는 분이 혹 아이를 둔 부모라면 위 표를 잘 기억해 두길 바란다. 이 표를 늘 염두에 두고 행동한다면 애들을 바람직하게 키울 수 있을 것이다. 그러나 학생이나 수험생이라면 스스로를 강화할 수 없으므로 후일 부모가 된 다음에나 쓸모가 있을 것이다. 그럼에도 불구하고 여기서 설명하는 이유는, 다음 테마의 이해 증진을 위해서 필요하기 때문이다.

위와 같이 바람직한 행동—여기서는 주로 공부하는 행동이 되겠지만—, 그 행위에 대하여 즉각적인 강화를 규칙적으로 시행하는 것을 '규칙적 강화(regular reinforcement)'라 한다. 어떤 행동을 이끌어내기 위해서는 이 규칙적인 강화가 필요한 것이다.

다음에 설명할 것이 한 발 더 진보한 '불규칙적 강화(irregula reinforcement)'이다. 여러분은 이 불규칙적 강화를 이해함으로써 학습이론의 핵심을 이해하게 되는 것이다. 이 설명은 주제를 달리하여 설명하겠다.

024

공부에 중독될 수 없을까

앞에서 낚시꾼 이야기를 한 적이 있다. 옆에서 구경하는 사람의 입장에서 본다면 그야말로 재미없는 놀이인 것처럼 보여도 실제로는 낚시에 중독이 되는 사람이 많다. 여기서 주목할 것은, 왜 낚시를 해본 '모든' 사람이 아니라 그 '일부'만이 중독되는가 하는 부분이다.

그것은 낚시를 처음 시작할 때 상당 기간 동안 규칙적인 강화(regular reinforcement)를 받지 않았기 때문이다. 낚시 자체는 불규직적 강화(irregular reinforcement)의 전형인데, 그 불규칙적 강화에 이르기 전에 그만 두기 때문이다.

매번 낚시를 할 때마다 상당수의 고기가 잡힌다면 규칙적인 강화가 일어나고 있는 것이다. 그러한 과정에 의하여 낚시하는 것이 즐거움으로 고착되고 나면, 낚시할 때 고기가 잡히기도 하고(강화), 잡히지 않기도 하지만(비강화) 그것은 문제가 되지 않는다. 그 형태가 바로 불규칙적 강화 형태이므로 계속적으로 고도의 강화가 일어나는 것이다. 이게 우리말로 '감질나게 한다'고나 할까, 사람의 마음을 매혹시키는 것이다.

낚시를 하러 갈 때마다 처음부터 끝까지 고기가 잡힌다면 그 즐거움이 증가하는 것이 아니라 줄어든다. 낚시를 하면 고기가 잡히는 것은 당연하다고 생각해 버리니까 흥미가 줄어드는 것이다. 그런데 일정 수준의 흥미를 가지고 있는 사람이 낚시를 하러 가서 어떤 때는 잘 잡히지만, 어떤 때는 허탕을 치기도 하면 불규칙적 강화가 일어나면서 그는 낚시에 중독이 된다. 심해지면 가정을 저버리고 낚시에 매달리게 된다.

게임의 경우에는 교묘하게 처음에는 규칙적 강화가 일어나고 그 후에는 불규칙적 강화가 일어나도록 설계되어 있기 때문에 쉽게 중독될 수 있다. 특히 청소년기에는 다른 욕구들이 즉 남녀 간의 사랑에 대한 욕구, 사회적으로 출세하여 존경을 받고 싶은 욕구, 친구들 사이에 어울리고 싶은 친화적 욕구, 여러 사람으로부터 관심의 대상이 되고 싶은 욕구, 나아가 스스로 인생의 개척자로 보람을 느끼는 욕구 등이 아직 발현되지 않은 상태이기 때문에 게임에 중독되면 그 게임에 인생의 모든 것이 있는 양 착각하게 된다.

게임 속에 있는 세상이 현실 세계인 양 착각하게 되면서 학교생활은 붕괴되고, 학습 능력은 나날이 퇴보하다가 마침내 세상을 저주와 공격의 대상으로 삼는다. 종내에는 자신이 게임 속의 영웅이 되어 자신을 알아주지 않는 세상을 파괴하는 공상을 하게 된다. 유복한 가정에 태어나서 퇴락한 인생을 걸어가는 젊은이들이 이 그룹에 속하는 사람이다. 불행한 일이지만, 컴퓨터 게임 산업이 존재하는 한 어쩔 수 없는 현실이기도 하다.

반면에 앞에서 말한 판례 읽기를 취미로 한다든지, 연구하는 것에 오르가슴을 느낀다는 것은 공부에 중독된 것이다. 공부하는 일에 칭찬과 상을 받고, 그러한 일들이 규칙적으로 일어나 규칙적 강화를 거친 다음에 불규칙적 강화 형태로 강화를 받게 되면 공부에 중독되는 것이다.

공부를 열심히 해도 칭찬을 받지 못하거나 시험에 실패하는 경우도 있는 반면, 공부로 인하여 생각지도 않는 장학금을 받는다거나 여러 사람의 주목을 받게 되거나, 남들이 존경하는 자리에 취임하는 등의 보상을 받는다고 하자. 이쯤 되면 공부 외에 달리 즐거운 일이 사라지는 것이다.

다 같은 중독 현상이지만 게임 중독은 본인과 사회를 망가뜨리는 반면, 공부 중독은 본인에게 많은 혜택을 가져다주고 사회를 발전시킨다. 지금 이 글을 읽고 있는 분들은 공부 중독에 한 번 빠져 보는 것이 어떨는지? 그렇게만 된다면 공부가 즐거움이 될 테니 무슨 걱정을 하겠는가. 예전에 어떤 이는 대통령도 시험을 쳐서 되는 것이라면 자신이 있다고 했다. 그만큼 시험이 쉬워지는 것이다.

025

수준 낮은 시험에 응시하라

강남의 한 고등학교에서 중간 정도 실력의 어떤 고등학생이 있다. 그 실력으로 입학할 수 있는 대학이라면 지방에 있는 사립대 정도라고 보면 될 것이다. 그러나 그는 컴퓨터 게임에 몰입하다 보니 엉뚱한 영웅 심리에 빠져, 자신은 서울대에 입학할 수 있다고 과신하고 시험에 응시하였다.

당연한 이야기지만 결과는 불합격이었다. 그는 다시 연·고대에 시험을 봐서 떨어지고, 한양대에 시험을 봐서 떨어졌다. 이렇게 자꾸 불합격만 하다 보니 삶에 의욕도 잃고, 공부에 흥미도 잃어 갔다. 학교 명칭만 달랐지, 실제 있는 이야기이다.

앞에서 강조했듯이 어떤 행위를 하면 그에 따른 보상(reward)이 되어야 흥미를 갖고 다시 도전할 수 있게 된다. 시험도 마한 단계 한 단계 오르는 기쁨을 누려라.
당신의 자신감 또한 쑥쑥 자랄 것이다.

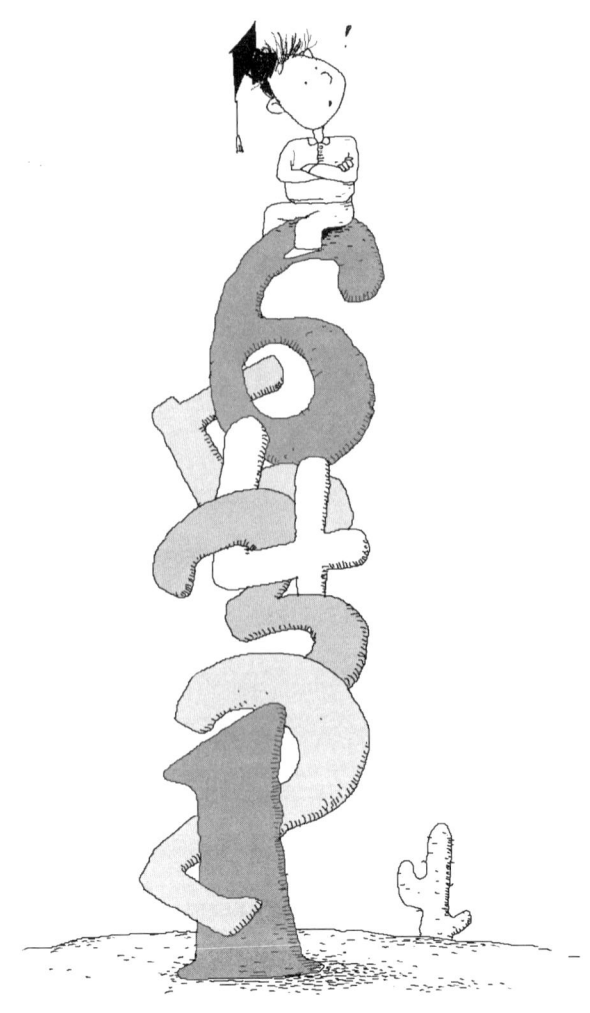

찬가지이다. 시험에 응시하여 합격하게 되면, 그게 보상이 되어 그보다 높은 시험에 도전할 용기를 얻게 되는 것이다.

위 학생의 이야기를 거꾸로 해보아야 할 것이다. 실력은 없지만 서울대에 들어가고 싶다면, 그전에 지방 사립대라도 합격하여 용기를 얻고 더 공부하여 한양대 정도로 향상시키고, 거기도 합격을 하면 단계별로 수준을 높여 가면 된다. 물론 대학의 경우에는 매년 응시하면서 단계를 높이는 게 여러 가지 장애가 있으므로 방법을 변형할 수 있다.

공무원시험의 경우라면 충분히 가능하다. 9급 시험에 합격하여 용기를 얻고 다시 7급 시험에 응시하고, 7급 시험에 합격한 다음에 행정고시를 하고, 또 기회가 되면 사법고시나 회계사 시험 등 전문직 시험에 도전해 볼 수 있는 것이다. 이 방법은 스스로 강화(reinforcement)를 받는 한 방법이다. 수준 낮은 시험에 합격하여 합격의 기쁨을 맛보고, 그보다 약간 높은 시험에 또 도전하여 합격의 기쁨을 누림으로써 스스로 '시험의 달인'이 되어 가는 것이다.

스스로 수준을 파악하는 것은 그리 어렵지 않다. 학교에 성적이 있고, 학원에서 수시로 모의고사를 치며, 고시학원에서도 시험을 주관하고 있으므로 객관적인 실력을 파악하는 데는 아무런 문제가 없다. 자신의 어깨를 짓누르는 버거운 시험에 바로 도전하지 말고, 자신이 **쉽게 합격할 수 있는 시험에 응시하여 합격의 기쁨을 먼저 느껴라.** 그리고 그 자신감으로 다음 단계의 시험에 도전하면서 계속 정진하는 것이다. 합격의 기쁨을 반복적으로 누리며 여러분 스스로를 강화시켜 나가자.

자격증을 수십 개 가진 사람도 그런 마음이었을 것이다. 자기의 수준에 맞는 자격증을 몇 개 취득하여 보니 다른 자격 시험들도 그리 어렵지 않게 느끼고 되고, 그 자신감으로 더 좋은 자격증에 도전하는 것이다. 그런 사람은 나중에 국회의원과 대통령도 시험으로 뽑았으면 하고 바랄 것이다. 여러분들이라고 그런 사람이 되지 말라는 법은 없다.

026 한글의 특성을 이해하라

필자는 우리나라의 민주주의 발전과 산업 발전이 한글에 힘입은 바 크다고 생각한다. 한글이야말로 우리 민족을 살린 최대의 공로자이다. 우리나라가 세계에서도 낮은 문맹률을 자랑하는 것 역시 한글의 공로가 아니겠는가. 오늘날 우리나라 IT산업의 엄청난 성장도 한글의 특성에 기인한 것이라고 필자는 믿고 있다.

의사 전달이 정확하고 빠르게 이루어지므로 사회 갈등이 민주주의 초기에 나타났고, 이를 해결하려는 과정에서 민주주의가 발전하였다. 산업에 있어서도 산업역군들 사이에 의사소통이 원활하게 이루어지다 보니 모든 일 처리가 신속 정확하게 이루어져 타국 사람들의 일 처리보다 우수한 결과를 낳은 것이다.

그러나 이 한글에도 하나의 문제점이 있는데, 필기에 비교적 부적합하다는 점이다. 이는 한글이 한자가 먼저 들어온 후에 창제되었고, 또 한자음을 표기하려는 수단으로 사용되다 보니 자연 한자 쓰기 방식을 따르게 되었기 때문이다. 원래 한자는 거북등이나 대나무에 글자를 새기는 것으로 출발하였다. 따라서 적은 면적에 많은 의미를 넣으려다 보니 획수가 많은 자체를 선호하게 되었고, 또 정교한 모양으로 만들어진 것이다.

반면에 영어 등 로마자들은 진흙이나 양피지에 글을 쓰다 보니 정교하게 쓰기는 어려웠다. 그리하여 주로 동그라미 형태에 가까운 것이 많아 필기하기 쉬운 형태로 진화한 것이다. 즉 한글은 세로로 긋는 획이 중요한 반면, 로마자는 가로로 이어지는 획이 중요하게 된 것이다. 그러므로 로마자를 쓰는 것처럼 펜을 비스듬히 눕혀서 잡고 쓰면 한글을 예쁜 모양으로 쓰기가 어렵다. 지저분한 글씨가 되기 십상이다. 따라서 한글은 붓글씨에 가깝게 쓰는 방식을 택해야 하나, 그것도 꼭 일치하는 것은 아니다.

여기에 〈3점식 한글 쓰기법〉을 소개한다.

물론 이 〈3점식 한글 쓰기법〉은 필자가 고안한 것이므로 굳이 따르지 않아도 된다. 다만 한글은 쓰기가 비교적 어려운 글씨인데다 예쁜 모양이 잘 나오지 않으므로, 각자의 노력에 따라 예쁜 글씨를 만들어 보기 바란다. 영어식 쓰기법은 한글 쓰기에는 적합

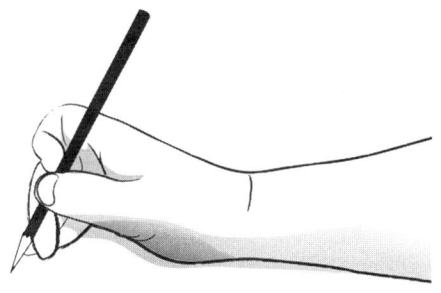

하지 않다는 점만 잊지 말기 바란다.

'예쁘게 쓴다'는 게 꼭 예술적으로 예쁘게 쓰라는 말은 아니다. 일관성 있고 나중에 읽기 쉬운 방법으로 쓰라는 것이다. 필자의 친구 중에서 어릴 때 소아마비를 앓아 왼손으로 필기하는 친구가 있었다. 오른손으로도 어려운 한글을 왼손으로 쓰기는 정말 어려운데, 그 친구는 납작납작한 모양으로 글씨를 썼다.

예쁘다는 말과는 거리가 있지만, 일관성 있게 납작하게 쓰니까 판독하기 쉬운 글씨가 되어 각종 시험에서 많은 도움을 받은 것 같았다. 물론 다른 능력도 뛰어나서 행정고시에 합격하여 행정부 고위직에까지 올라갔으니 나름대로 성공한 인생인데, 그 친구의 글씨가 눈에 선해 소개한 것이다.

제대로 된 한글 쓰기가 되지 않으면 학습에 지장을 받게 된다. 선생님의 강의 내용이나 자신이 기억해야 할 사항을 메모해 놓는 것이 싫어진다. 그 이유는 메모해 놓은 것을 나중에 자신이 읽어도 잘 모르겠고, 보기 싫어지면 메모 습관이 점점 퇴화하기 때문이다.

노트 필기나 메모는 학습한 내용을 장기기억으로 만들어가는 과정이다. 거듭 노트에 정리하여 필기하고, 중요한 사항들을 교과서나 참고서의 가장자리에 메모하는 습관을 장기기억화 과정을 쉽게 만들 수 있다.

027 기본서를 단권화하라

지금은 국회의원이지만 한때 '시험의 달인'이라 불리던 고승덕 의원이 늘 강조하는 수험 방법의 하나가 '기본서 단권화'이다. 이 '기본서 단권화'는 그전부터 많은 고시생들이 채택하여 그 효용성이 검증된 상태였다. 다만 고승덕 의원이 이를 이용하여 사법시험과 행정고시, 외무고시 등 고시 3과를 합격한 후에 강조하자 널리 홍보가 된 것이다.

별로 어렵지 않고 누구나 가능한 일이며, 수많은 고시생들이 경험적으로 유용하다고 판단한 방법이다. '밑져 봐야 본전'이라는 말처럼, 수험생이나 고시생이라면 한 번 시도해 볼 만하다. 필자는 개인적으로 반드시 필요하다고 믿는다. 다만 과학적으로 검증된 이론이라고 보기는 어려우니, 유용한 공부 방법으로 소개한다.

특정한 과목—예컨대 국어라든가 헌법 등—에서 같은 공부를 하고 있는 사람들 중에서 가장 좋은 책이라고 알려져 있는 참고서, 또는 전문서를 '기본서'라 정해 둔다. 기본서는 잘 보관하여야 하고, 앞으로 많은 손때가 묻을 것이므로 겉표지를 비닐 포장한다든가 하여 물리적인 손상을 입지 않도록 유의한다.

일단 여러 번에 걸쳐 그 기본서를 정독하여 내용을 숙지한다. 그 다음에는 기본서 외에 같은 과목에 관한 다른 책들을 구입하여 훑어본다. 찬찬히 훑어보면서 기본서에 없는 내용이나 기본서보다 잘 설명한 부분을 정리하여 기본서의 여백난에 메모하거나 접착식 메모지에 기록하여 붙여 둔다.

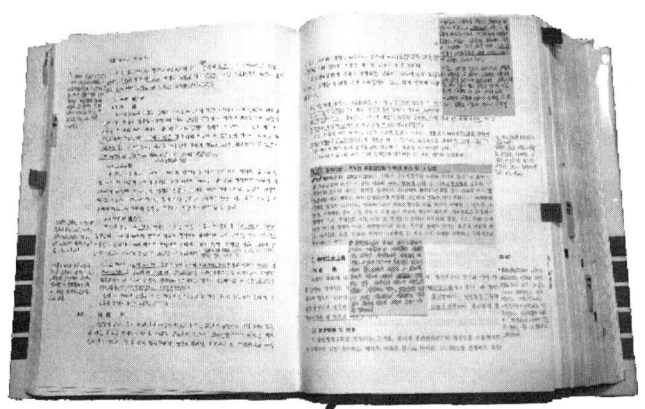

이런 과정을 위해서는 기본적으로 읽기 좋은 글씨가 필요하다. 잘 쓰인 내용은 나중에 두고두고 참고가 되고, 장기기억으로 전환되어 학습 효과를 높여 준다. 하지만 지저분하게 써 놓으면 자기가 쓴 글씨를 스스로 읽기가 어렵고, 책만 너저분해진 기분이 들어 오히려 책을 외면하거나 버리게 된다. 적어도 수험생이라면 글씨의 중요성을 강조하지 않을 수 없다.

위와 같은 방법으로 잘 정리된 기본서를 가능한 많이 읽고 보완하면서 보물처럼 가지고 다니면, 그 기본서의 골격대로 학습 내용이 기억된다. 나중에 어떤 문제를 접하면 "아~, 그 문제는 기본서 몇 페이지에 설명되어 있지!" 하고 금방 깨닫게 되고, 그때 기본서의 내용을 반복하여 읽게 되면 그 학습 내용은 정확하게 장기기억으로 전환되어 여러분들의 실력을 향상시켜 줄 것이다.

028

충분히 잠을 자라

수험생들 중에서는 아직도 잠을 희생해 가면서 공부시간을 늘리는 사람이 있다. 이 방법은 많은 과학적 연구에 의하여 잘못된 학습 방법이라고 확인되었음에도 불구하고, 수험생들 사이에서 여전히 유행하고 있으니 기이한 현상이다.

　잠은 우리가 학습한 내용을 장기기억화, 즉 실력으로 전환시켜 주는 중요한 매개체이다. 그러므로 이를 무시하고 비정상적으로 잠을 줄인다면, 공부를 해도 노력 대비 효과는 반감될 것이다. 어떤 내용을 공부한 뒤에 충분한 잠을 자면 그 내용은 일부가 장기기억화되어 머리에 저장된다. 하지만 잠이 부족하거나 공부한 시간과 잠 사이에 다른 골치 아픈 과제를 주어 머리를 혼란시키면, 공부한 내용은 머리에서 사라져 버린다.

공부한 뒤에 충분한 수면을 취하지 않는 것은, 쉽게 비유하자면 컴퓨터에 어떤 내용의 글을 써놓고 '저장(save)'하지 않은 채 컴퓨터를 그대로 꺼 버린 것과 동일하다. 잠은 바로 '저장(save)' 버튼과 같은 것이다. 저장 버튼을 눌러야 학습한 내용이 '하드 디스크'에 저장되어 나중에 참고할 수 있게 된다. 아무리 많은 글을 써 놓아도, 아무리 많은 내용을 공부해도 바로 이 '저장(save)' 조치를 취하지 않으면 헛수고가 되는 것이다.

필자도 그랬지만, 많은 수험의 달인들이 잠을 충분히 자라고 권유하고 있다. 과학적 실험으로도 충분히 증명된 것처럼 **잠은 학습 능력을 향상시키는데 필수적**이므로 수험생들은 하루에 적어도 6~7시간은 자도록 노력해야 한다. 예전에 '네 시간 자면 합격하고 다섯 시간 자면 떨어진다'는 참으로 근거 없는 입시 대비생들의 강령이 있었지만, 좋지 않은 방법이다. 다만, 수험생들에게 강력한 의지를 강조하는 일면만은 참고해야 할 것이다.

필자의 경우에는 사법시험을 준비하면서 하루에 8시간은 어기지 않고 잠을 잤다. 물론 그 외에 오락시간이나 집안 행사 참석 등 공부에 불필요한 시간은 줄일 대로 줄였으나, 잠을 자는 시간만은 제대로 지켰다. 잠은 보약이란 말도 있고, 미인은 잠꾸러기란 말도 있는 것처럼 **훌륭한 수험생도 잠을 잘 자야 한다.**

029

감성일기를 쓰라

일기를 쓰면 학습에 많은 도움이 된다는 것은 새삼 필자가 말하지 않아도 모두 알 것이다. 저명한 인사들이 일기의 중요성을 강조하였고, 훌륭한 일기는 문학작품 또는 역사적 자료로도 활용되고 있다. 『안네의 일기』, 『난중일기』, 『갈리아 전기』 등이 그 대표적인 예이다.

또한 수험생들에게 일기는 주관식이나 논술을 대비하는 효율적인 방법이다. 모두 문장을 만들어야 하는 과제인데, 일기는 일부러 글쓰기의 대상을 고를 필요 없이 하루의 일과를 기재하면 되니까 고민할 필요가 없다. 일기를 자꾸 쓰면 어느 새 자기도 모르게 문장력이 향상되어 주관식 문제나 논술에 대하여 자신감을 갖게 된다.

그러므로 논술 대비 수험생, 고시생 여러분은 반드시 일기를 써야 한다는 말에 모두가 동의할 것이다. 그러나 실제로는 지속적으로 일기를 쓰는 사람은 드물다. 일기의 유용성을 인정하고 결심하지만, 며칠 쓰다가 그만두어 버린다. 왜 그럴까?

여러분은 여러분의 하루 일과를 순서대로 기억하고 기록하려고 하기 때문에 생각보다 일기 쓰기가 어려운 것이다. 사실 습관화되어 있지 않은 사람이 하루에 의무적으로 시간을 내어, 지나간 일들을 회상하며 이를 문장으로 만들어내는 것은 피곤한 일이다. 일기가 유용하다고는 해도, 이처럼 기록하는 형식으로는 일기 쓰기가 습관화되기 어렵다.

여기서 필자가 활용한 방법을 소개하고자 한다. 제목에서 보았듯이 감성 일기를 쓰라는 것이다. 하루의 아침 시작부터 시간대별로 뭘 하였는지 되뇌어 이를 기록하려고 하지 말라는 것이다. 여러분이 기록한 내용을 역사적 자료로 사용할 것이 아니고, 단지 수험에 대비하여 문장력을 기르려는 데 활용하는 것뿐이므로 여러분은 사실 관계에 부담을 느낄 필요가 전혀 없다.

대신에 여러분은 하루 동안에 느꼈던 여러 가지 감정의 부스러기들을 그냥 글로써 쏟아내는 것이다. 특히 분노했으나 다른 사람에게 털어놓지 못했던 것, 슬펐으나 누구에게도 호소하지 못했

당신이 끄적거리던 감정의 부스러기들은
어느 날, 멋진 문장들로 다시 태어날 것이다.

던 것, 누군가를 저주하고 싶었으나 그 사람의 면전에서는 쏟아낼 수 없었던 것, 참으로 좋았거나 갖고 싶었거나 하고 싶던 것들을 모아서 그대로 글로 써 내려가면 된다.

다시 강조하지만, 여러분은 사실을 기록하는 것이 아니다. 그러므로 타인에 대한 감정이 있으면 "xxx 나쁜 놈, 내 언젠가 복수할 거야!"라든가, "나는 왜 못생겼는가, 울고 싶다." 등 일상에서 느끼는 감정을 글로 옮겨 보는 것이다. 당장 문구점에 가서 두꺼운 공책을 하나 사서 감정이 격할 때나 뭔가 쏟아내고 싶을 때 공책을 펴고, 하고 싶은 말을 기록해 보자.

그 공책이 한 권에서 두 권으로, 세 권으로 늘어 감에 따라 여러분의 문장력은 향상될 것이다. 그와 더불어 여러분의 감정 컨트롤 능력도 향상되고, 수험으로 인하여 받고 있는 스트레스와 각종 열등감으로 번민하고 있던 사항들이 서서히 해소됨을 느끼게 될 것이다. 그리하여 여러분은 보다 성숙한, 그리고 포용력 있는 사람으로 변모해 갈 것이다. 절대 일기를 어렵게 쓰지 마라. 감성 일기에 도전해 보시라. 결코 어렵지 않다.

030   규칙적 강화 & 불규칙적 강화

앞서 규칙적 강화(regular reinforcement)와 불규칙적 강화(irregular reinforcement)에 대한 설명을 기억할 것이다. 그리고 불규칙적 강화가 더 강력하다고도 설명하였다. 사실 강화와 소거(extinction)에 대한 이론적 논거와 실험적 결과를 다 설명하고자 한다면, 아마 책 한 권으로도 부족할 것이다. 그러므로 여기서는 그림으로 규칙적 강화와 불규칙적 강화의 적용 양상에 관하여 간단히 살펴보고자 한다.

강화(reinforcement)란, 어떤 행동에 대하여 어떤 보상(reward)을 줌으로써 그 행동이 촉진되어 다시 반복하여 일어나도록 하는 과정이라고 보면 된다. 보상이란 인간이 획득하거나 인식함으로써 쾌감을 얻게 되는 것으로, 재물·칭찬·명예·애정 등이 이에 해당된다.

학문적으로 말하면, 매슬로(Abraham H. Maslow)가 말한 인간의 다섯 가지 기본 욕구를 충족시키는 것이 보상이다. 즉 ① 생리적 욕구 ② 안전에 대한 욕구 ③ 소속과 애정에 대한 욕구 ④ 존경 받고 싶은 욕구 ⑤ 자기실현 욕구가 그것이다. 구체적으로 말하자면, 맛있는 음식을 먹는 것, 좋은 모임의 회원이 되는 것, 자동차와 좋은 주택을 소유하는 것, 칭찬을 받는 것, 사랑을 받는 것, 존경을 받는 것 등이라고 할 수 있겠다.

공부하는 행위도 강화를 받으면 공부를 반복하게 되고, 공부를 반복하게 되면 성적이 올라간다든가, 시험에 합격한다든가, 장학금을 탄다든가, 여러 사람 앞에서 선생님에게 칭찬을 받는다든가 하는 여러 가지 강화가 잇따른다. 그렇게 강화를 받은 학생은 공부하는 행위를 반복하게 된다.

이처럼 일정 수준에 이를 때까지는 그 행위를 규칙적으로 강화하는 것이 규칙적 강화이고, 일정 수준이 넘어서면 극단적으로 그 행위의 반복 가능성을 높이는 것이 불규칙적 강화이다. 옆에 있는 두 개의 그림 중에서 위의 것이 규칙적 강화이고, 밑의 것이 불규칙적 강화이다.

그림을 보면 위쪽의 규칙적 강화보다 아래쪽의 불규칙적 강화가 훨씬 공부량을 증가시킨다는 것을 알 것이다. 어찌하여 계속

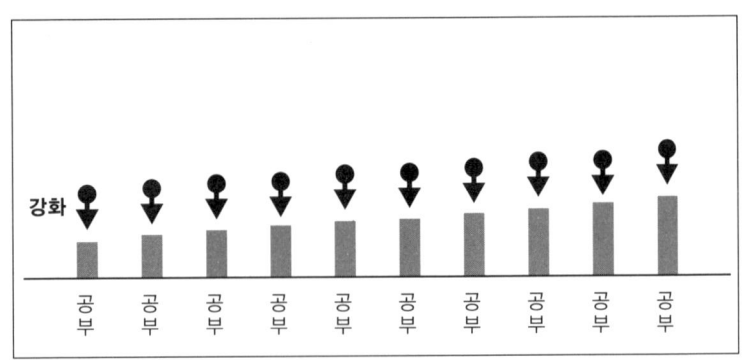

■규칙적 강화에 의한 공부량 증가

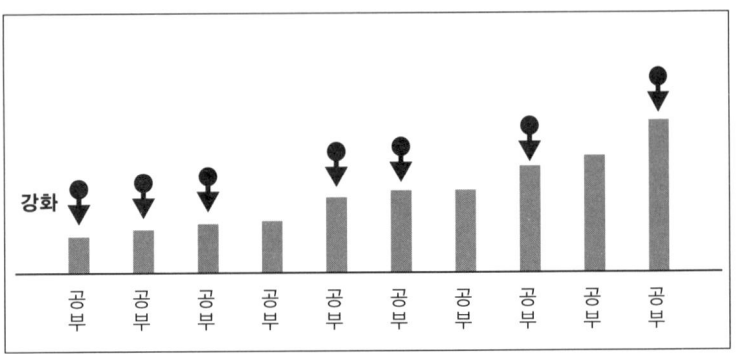

■불규칙적 강화에 의한 공부량 증가

적으로 자극을 주는 것이 오히려 띄엄띄엄 자극을 주는 것보다 실력 향상에 보탬이 안 될까 의아해 할 것이다. 하지만 불규칙적 강화를 심하게 받으면 중독 현상이 일어날 정도이니, 불규칙적 강화의 위력은 대단하다.

134

낚시 또한 처음 몇 번은 계속 고기가 잡히는 것이 좋고, 그 다음은 잡혔다가 잡히지 않았다가 하는 것이 매번 잡히는 것보다 더 사람을 매료시키는 것이다. 마약과 같은 약물 중독이 아니면서도 마찬가지의 중독 현상을 보이는 낚시, 골프, 컴퓨터 게임 등 많은 레저용 오락 수단들이 이런 중독 현상을 이용하거나 중독 현상에 의하여 그 산업을 유지하고 있다.

불규칙적 강화가 왜 규칙적 강화보다 더 강력한 효과를 가져 오는지 그 이론적 근거에 대해서는 논란이 있지만, 대체로 스트레스에 의한 것으로 추측하고 있다. 불규칙적 강화는 개인적으로 인생에 있어 심각한 현상을 불러일으키기도 한다. 도박 중독에 빠진 사람들은 가산을 탕진하고, 가정을 파탄시키고, 종국에 가서는 자살과 같은 자신의 인생을 파멸시키는 상황을 맞이한다. 그러면서도 자력으로는 끊을 수 없는 마력에 이끌리는 것이다. 이 정도면 불규칙적 강화가 얼마나 위력적인지 실감할 것이다.

그러나 역으로 불규칙적 강화 이론을 응용하여 공부에 활용한다면 공부 중독 현상을 일으키게 할 수 있고, 개인적으로 엄청난 발전의 계기를 마련할 수 있다. 문제는 개인이 자신에게 스스로 불규칙적 강화를 적용시킬 수 있느냐 하는 점인데, 그게 쉽지가 않다.

우선 그 이론을 알아 두자. 판례 읽기를 취미로 아는 판사나 연구하는 것에 오르가슴을 느끼는 사람은 공부 중독에 빠진 것이다. 이런 사람들은 자신도 모르게 불규칙적 강화를 받아서 공부가 그야말로 기쁨이고, 공부 속에서 자신의 존재 가치를 느끼고 있는 것이다.

중독의 마력을 십분 이용하자.
긍정적 중독이야말로 성공의 지름길이다.

031

소거, 쉽지 않다

「어머니의 착오」 편에서도 이야기했듯이, 애들의 잘못된 행동을 없애기 위하여 부모는 꾸지람과 매질을 가하지만 의도와 결과는 다른 양상을 보인다. 오히려 공부하는 행동은 감소하고, 나쁜 행동이 증가한다는 사실 말이다. 이 소거(extinction)에 관해서는 실효성이 있는 처방이 있는지 학자들 사이에서도 의견이 분분하다. 다만 학생을 지도하는 교사의 입장에서도 마땅한 방법이 없다는 점만 알아 두기 바란다.

그런데 더 큰 문제는, 수험생 스스로가 게임이나 도박에 빠진 습성, 놀기에만 관심이 있는 습성을 없앨 방법이 없다는 점이다. 마약 중독과 같이 약물 치료로 가능한 것은 있을 수 있으나, 습관적으로 하는 나쁜 행동을 스스로 치료하는 방법은 없다. 단지 의지를 굳게 가지는 것인데, 그것도 쉽지 않으므로 마찬가지이다.

만약에 수험생이 스스로 문제점을 파악했다면, 그것을 억지로 없애려는 노력보다는 공부에 집중하는 노력을 기울이기 바란다. 공부에 중독이 되면 다른 중독 현상은 서서히 사라져 갈 것이기 때문이다. 공부로 인하여 얻는 것이 많고 즐거움이 빈번해진다면, 다른 것에 대한 관심이 줄어들 것이다. 이것을 '대치 효과'라고 한다. 인간은 동일한 시간에 두 가지 이상에 집중하기가 쉽지 않기 때문에, 바람직한 행동을 습관화해 버리면 그에 반대되는 바람직하지 않은 행동들은 서서히 소거되어 간다는 뜻이다.

다만 그러한 효과는 더디게 나타나므로 인고의 세월을 견뎌야 한다. 그러나 어찌하겠는가! 공부를 하여 시험에 합격하는 것이 가장 쉽게 성공하는 방법이라는데, 달리 선택의 여지가 없지 않는가. 많은 유혹에 시달리겠지만, 이를 극복하고 성공의 길로 가야 한다.

그나마 다행인 것은, 이 책을 읽는 독자들은 이제 학습법을 익혀서 공부에 중독이 될 것이니, 다른 방법보다 쉽게 어둠의 질곡에서 벗어날 수 있다는 점이다. 게임이나 도박에 빠져 허우적대는 분들은 이 점을 잊지 말아야 한다. 스스로 벗어나기 어려운 만큼 그대로 두면 인생을 망치게 된다는 사실을 말이다.

138

032

숙면과 장기기억

'시험'이란 것을 달리 해석해 보면, 사람의 장기기억 속에 저장되어 있는 데이터가 얼마나 재생 가능한지를 알아보는 '기억량의 실태조사'라고 할 수 있다. 즉 기억 속에 있는 지식을 적용하여 주어진 문제를 바로 풀거나, 또는 기억 속에 있는 지식을 이리저리 조합하여 주어진 문제의 해답을 찾는 것이다. 어쨌든 일단은 해당 문제를 풀 수 있는 기본적인 지식이 기억 속에 있어야 한다. 기억 속에 없는 것이라면 해답을 내놓을 수 없기 때문이다.

기억이란 통상적으로 두 가지로 나눈다. 하나는 단기기억 (short-term memory)이고, 또 하나는 장기기억(long-term memory) 이다. 단기기억이란 어떤 사항을 배우거나 보거나 들어서 그 자리에서 재생할 수 있는 기억이고, 장기기억이란 상당한 기간이 지난 후에도 재생하여 판단의 자료로 삼을 수 있는 기억이다. 우리가 통상 '실력'이라고 말하는 것은 장기기억의 용량을 뜻한다.

사실 현장에서 배운 지식을 바로 재생하는 것이라면 크게 어려울 것이 없고, 머리가 좋은 사람이 절대적으로 유리할 것이다. 하지만 대부분의 시험은 장기간에 걸쳐서 배운 지식을 테스트하는 것이므로, 배울 당시에 보고 들은 것만으로는 통과할 수 없다. 따라서 단기기억을 장기기억화하는 과정이 필요하다.

단기기억을 장기기억화하는 방법은 크게 두 가지로 나눌 수 있다. 하나는 숙면을 취하는 것이고, 또 하나는 반복 재생하는 것이다. 앞에서도 잠을 충분히 자라고 말한 바가 있지만, 숙면과 기억이 밀접한 관계가 있음은 많은 학문적 자료들이 증명하고 있다. 공부 시간을 늘리기 위하여 수면 시간을 줄이는 것은 옳지 않은 방법이다. 공부 시간을 늘리기 위해서 다른 시간들, 예를 들면 노는 시간이나 오락하는 시간, 또는 사회적 교제를 위하여 소모되는 시간을 줄이는 것은 시험에 도움이 될 수 있다. 이런 것은 다 하면서 수면 시간만을 줄이려고 하는 것은 합격에 도움이 되기보다는 오히려 해가 된다.

필자의 경우에는 고시 공부를 하던 중에도 평균 7~8시간을 잤다. 물론 친구들과 교제, 집안 행사 참여 등 기타의 시간들은 줄

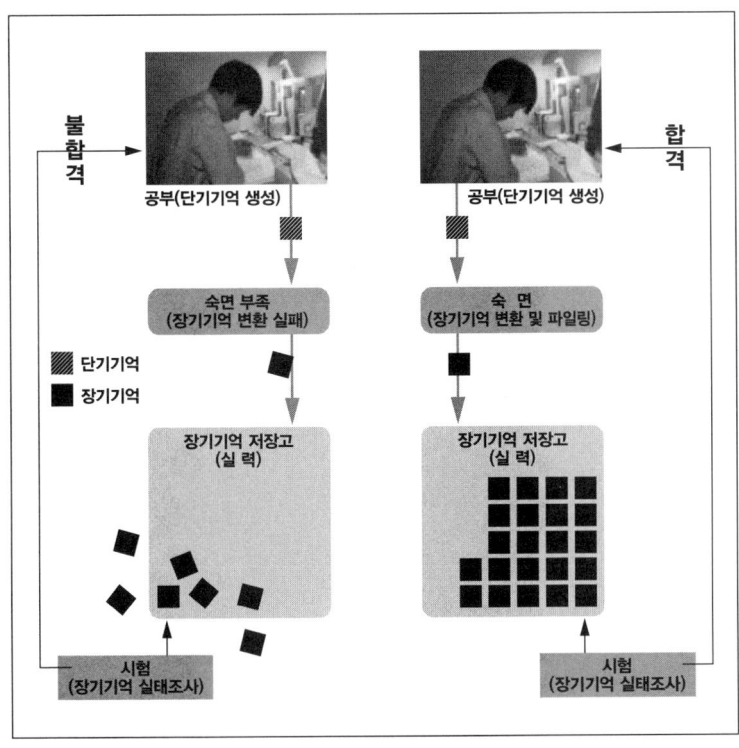

일 수 있는 대로 줄였다. 필자가 공부를 할 당시에는 사법시험의 합격자 수도 오늘날보다 훨씬 적었다. 또 집안 사정이 넉넉지 아니하여 가정교사를 해서 학비를 벌어야 했으니, 공부 시간을 마련하기 위해서는 잠을 줄여야 할 형편이었다. 그러나 나는 잠을 줄이지는 않았고, 지금 생각해도 그것은 올바른 선택이었다.

반면에 하루 4~5시간만을 자면서 몇 년간을 죽으라고 열심히 했지만, 사법시험 1차에도 합격하지 못하는 수험생도 있다. 훌륭한 머리와 안정된 공부 환경을 갖고 있으면서 사법시험 1차에도 합격하지 못한다는 것은 공부 방법에 문제가 있다고밖에 말할 수 없다. 실력이란 장기기억이고, 그 장기기억을 늘리는 데는 충분한 숙면이 필수적이라는 사실을 잊지 말자. 아무리 많이 공부를 해도 그것을 장기기억화하는 데 실패한다면 헛수고일 뿐이다.

충분한 숙면이 장기기억화에 필수적인 것과 마찬가지로 사색하는 시간도 장기기억화에 도움이 된다. 하루 적당한 시간을 내어 사색을 하면, 배운 지식을 체계화하는 데 도움이 된다. 이것은 실험 결과에 의한 데이터는 아니지만, 필자의 경험에 비추어 볼 때 큰 도움이 되었다. 이는 임마누엘 칸트, 나폴레옹 등 많은 저명인사들이 사색하는 데 많은 시간을 할애한 것만 보아도 알 수 있다.

시험에 통과하기 위해서는
단기기억을 장기기억화하는 것이 중요하고,
장기기억을 늘리는 데는 수면이 꼭 필요하다.

지능, 생각만큼 중요치 않다

앞에서 시험이란 다른 말로 표현하면 '장기기억된 지식량의 실태 조사'라 했다. 많은 것을 기억하고 있으면 시험에서는 절대적으로 유리하다. 시험이란 물리학자가 새로운 이론을 개발한다거나, 발명가가 독창적인 아이디어로 신제품을 발명한다거나, 예술가가 탁월한 미적 감각으로 많은 사람을 감동시키는 작품을 만드는 것과는 다른 차원의 일이다. 시험이란 주어진 지식, 보편타당하게 옳다고 확립된 지식들을 기억하였다가 시험지에 재생해 내면 되는 것이다.

그렇기 때문에 남들보다 크게 I.Q가 떨어지지 않는 한, 머리가 나쁘다고 지레짐작 포기하거나 절망할 필요는 전혀 없다. 오히려 지능이 좀 낮더라도, 꾸준한 인내력을 가지고 이 책에서 제공하는 학습법에 따라 장기기억의 용량을 늘려 가는 편이 시험에는 유리할 수 있다.

　인내심과 학습 방법만 옳다면 자기 역량의 범위보다 조금 높은 곳을 목표로 하여 시험에 도전한다고 해도 합격하는 데 전혀 지장이 없다. 이 책에서 소개하는 실험의 내용들 또한 개인의 지능의 차이는 무시하고 실시한 것이고, 이 책도 지능과는 무관하게 학습법을 소개하고 있다. 다만 기존의 학습량이 얼마인가 하는 점은,「밑 빠진 독에 물 붓기」편에서 말했듯이 '응시하고자 하는 시험에 합격 가능성이 있는가?' 정도로 구분할 필요성은 있다고 하겠다.

　자신의 학습량을 파악하고, 자기가 원하는 시험의 수준을 현재의 실력보다 약간만 높은 것으로 잡는다면, 지능지수에 대해서는 신경 쓸 필요가 없다. 오히려 지능지수가 높은 사람들이 장기기억도 쉽게 얻을 수 있다고 자만하여 무리하게 높은 것을 지향하기 쉽다. 그렇게 학습 이론을 무시하고 시험에 응하다가는 결국 실패할 확률만 높이게 된다.

　높은 시험에 응시했다가 아무런 결과물도 얻지 못한 사람보다는, 즉 시험에 합격하지 못할 바에야 보다 낮은 시험에 도전하여 합격한 사람이 성공의 기회를 잡을 것이다. 아니 그 자체가 성공한 것이다. 앞에서도 말했듯이 공무원시험이나 교원 임용고시 같은 것은, 특별한 과오만 없다면 거의 평생을 보장 받는 것이니 성공 그 자체인 것이다.

이제 I.Q.가 낮더라도 비관할 필요가 없고, I.Q.가 높더라도 자만해서는 안 된다는 원칙이 시험에 적용되는 것을 알 것이다. 누구라도 인내심을 갖고 이 책이 소개하는 학습법을 따를 수만 있다면, 시험에 합격하는 것은 그리 많은 시간을 요구하지 않을 것이다. 희망을 갖자.

034 남을 도와 나를 이롭게 하자

간혹 그룹 스터디를 하는 과정에서 다른 참가자들의 실력이 높아지면 자신에게 불리하지는 않을까 우려하는 사람이 있다. 그럴 필요가 없다. 여러분이 합격하려고 하는 시험은 수십 명에서 수백명을 뽑는 것이 대부분이다. 1~3명만 뽑는 시험이라면 같이 합격하자는 말이 성립하기 어렵지만, 수십 명을 넘으면 스터디 그룹에 참가하는 전원이 합격하더라도 전혀 문제될 것이 없다. 여러분이 경쟁해야 할 상대는 스터디 그룹 외의 사람들만으로 잡아도 충분하기 때문이다.

또한 타인의 실력이 나아지도록 도와주면, 그 사람은 스터디 그룹이 잘 운영되도록 협조하기 때문에 결국에 자신에게도 도움이 된다. 스터디 그룹의 참가자들이 모두 실력이 향상되면 그룹 내의 분위기가 좋아지고, 상호간에 인간관계도 돈독해져서 긴밀한 우정으로 발전하기도 한다. 실제로 필자와 함께 스터디 그룹을 구성하여 함께 공부했던 사람들은 평생 친구가 되어 현재에도 좋은 관계를 유지하고 있다.

내가 먼저 남을 도와주어야 남도 나에게 이득이 되는 일을 해준다. 자신만 몰래 실력을 쌓겠다는 생각은 버려야 한다. 같이 공부해서 같이 합격하겠다는 의사만 있으면, 그룹 스터디는 생각보다 잘 운영될 수 있다. 함께 책거리를 하며 축하파티를 열 수도 있고, 그룹 참가자들의 개인적인 애환을 나눌 수도 있다. 그룹 스터디는 보다 인간다운 공부 방법이므로, 외롭고 힘든 수험생활을 활기차고 보람된 생활로 만들어 준다.

시험이 전쟁터와 같다고 한 것은 전혀 모르는 사람과 경쟁을 하여 승패를 결정짓는다는 의미일 뿐, 같이 공부하는 사람의 실력 향상을 방해하라는 취지는 아니다. 전쟁에도 우군과 아군이 있듯이 그룹 참가자들을 나의 아군으로, 일단 낯모르는 경쟁 상대를 적군으로 인식하고 열심히 공부하라는 의미일 뿐이다.

물론 스터디 그룹의 참가자들 상호간에 경쟁 심리가 생기는 것은 당연하나, 이것은 더욱 공부를 열심히 하게 만드는 요소로 작용한다. 이때에는 서로 경쟁하기 때문에 다른 참가자들에게도 이득을 주는 것이다. 내 실력이 높아지면 다른 참가자들의 실력도 높아지고, 다른 참가자들의 실력이 높아지면 내 실력도 높이지 않을 수 없게 된다.

타인을 도와주어 나의 성공을 앞당기자. 함께 합격하고 함께 성공한다는 생각을 잊지 마라.

혼자 몰래 실력을 쌓겠다는 생각은 버려라.
함께 공부하여 모두 합격하도록 노력하는 것이 더 합리적이다.

시험이 좋은 이유

이 책의 첫머리의 「합격의 비밀을 가르쳐 주마」 편에서 시험이 가장 쉽게 성공하는 방법이라고 말했었다. 가장 쉽게 성공하는 방법임과 동시에 참으로 좋은 성공 방법이라고 말이다. 필자는 개인적으로 시험을 좋아한다. 물론 한때는 무척 싫어한 시절도 있었다. 하지만 그 본질을 깨닫고, 또 학습이론을 습득하고 나서는 시험을 사랑하게 되었다.

혹 독자 중에서는 "웃기지 마라!"라고 힐난하는 사람도 있을 것이다. 하지만 곰곰이 생각해 보면, 시험만큼 그 결과에 수긍할 만한 평가 방법도 없다. 여기서 시험이라는 것은 필기시험을 말하고 면접은 제외된다.

실례를 들어 보자. 어느 유명대학 유명학과는 워낙 쟁쟁한 실력자들이 몰려들기 때문에 매년 소수의 여학생들이 입학하였는데, 대부분 박색이었다. 그런데 시험제도가 바뀌어 필기시험의 비중을 줄이고 면접의 비중을 늘리자, 교직원의 자녀와 예쁜 여학생들이 많이 입학하더라는 것이다.

〈개그 콘서트〉라는 프로그램이 있는데, 그중에 '못 말리는 면접관'이란 제목의 코너가 있다. 아시는 분은 아시겠지만, 내용은 간단하다. 두 남자 면접관이 두 명의 응시자 면접을 보는데, 두 응시자 중 한 명은 나름 괜찮은 여성이고, 다른 한 명은 용모가 뒤떨어지는 남성이다.

두 사람의 면접관은 어떤 이유로든 용모가 괜찮은 여성 응시자를 합격시키고, 용모가 뒤떨어지는 남자 응시자를 탈락시키려고 한다. 남자 응시자는 직장이 요구하는 조건을 갖추고 실력도 우수하지만, 면접관들은 그야말로 황당한 이유를 들어 남자 응시자를 탈락시키고 여성 응시자를 합격시키려고 한다. 그 이유와 상황들이 너무 어처구니가 없어 웃음을 자아내는 것이다.

합격과 탈락의 이유가 황당하여 웃음이 나오지만, 현실 세계에서도 정도의 차이는 있지만 그런 일들이 수없이 일어나고 있다. 비단 면접에서만 그런 것이 아니라, 인간관계에서도 마찬가지 현상이 일어난다. 예쁜 용모를 가진 여성은 마음이 착하거나 성격이 좋은 것처럼 인식되는 등, 좌우지간 실체보다 더 높은 평가를 받는다. 남자의 경우도 마찬가지이고, 그러한 현상들은 실험적으로 확인되고 있다. 이런 현상을 비난할 수만도 없는 것이 우리 스스로도 그런 식으로 사고하고 있기 때문이다.

수려한 용모를 가진 이들에게는 더 없이 좋은 현상일 수 있겠지만, 평범한 용모에 실력으로 평가를 받고 싶은 이들에게 그와 같은 편견은 너무나 가혹한 일이 된다. 지금 자신의 노력과 실력으로 합격하고자 책상 앞에서 책과 씨름하는 이들이 시험을 사랑해야 할 이유가 바로 이것이다. 시험이 아니라면 여러분은 더 큰 어려움에 봉착할 것이기 때문이다.

시험은 비교적 정직하다. 주관식의 경우에는 글씨에 의하여 일부 편견이 들어가기도 하지만, 글씨 그 자체는 노력에 의하여 누구라도 개선할 수 있기 때문에 문제될 것이 없다. 그러므로 면접시험을 제외한 필기시험은 객관식이든 주관식이든 우리가 사랑해야 할 성공 수단이다.

얼마 전 외교부에서 문제가 생긴 것을 기억할 것이다. 외교부 채용시험이 있음에도 불구하고, 평가 방법을 이상하게 변형하여 외교부 간부 자녀들을 탈법적으로 채용한 사례 말이다. 용모뿐만 아니라 소위 '빽'까지 작용한다면 시험으로 성공하려고 하는 사람들에게는 참담한 일이 아닐 수 없다.

그래도 많은 부분에서 아직 시험을 우선시하고, 시험으로 합격과 불합격을 판정하니 그나마 다행이다. 시험에 의하여 불합격된다면 실력과 상관없는 이유로 불합격되는 것보다는 덜 억울할 것이다. 뒤집어 말하면, 시험에는 실력만 있으면 합격할 수 있으니 얼마나 좋으냐 이 말이다.

그 실력은 이 책에 의한 학습 방법을 습득하는 것으로 높이 쌓아 올릴 수가 있으니, 이 책을 읽는 사람에게 시험은 행운이다.

036   학원 강의를 활용하라

이 책을 읽고 있는 독자 여러분 중에는 이미 학교를 졸업한 분들도 있을 것이다. 즉 특정 교육기관이 실시하는 교육 프로그램의 통제 없이, 고시나 취업 시험 등 혼자서 공부를 해야 하는 처지라면 공부 방법을 재검토해 보아야 할 것이다.

학원 등 시험 대비 교육 프로그램을 운영하고 있는 곳에 다니면 출퇴근 불편, 출석 체크, 시험, 다른 학생들과의 인간관계 등 여러 가지 통제에 시달릴 것이 뻔하다. 이런 번다한 일들에 얽매이기 싫은 여러분은 혼자서 독서실 또는 도서관, 절과 같은 조용한 곳에서 공부에만 전념하고 싶을 것이다. 그래야만 많은 시간을 공부에 투자할 수 있고, 능률적으로 공부할 수 있다고 착각할 것이다.

그러나 이러한 '나 홀로 공부법'은 단기간은 효율적일지 몰라

혼자서도 잘할 수 있다는 생각은 버려라.
이끌어 주고, 채찍질하고, 보듬어 줄 사람이 필요하다.

도 1개월이 지나면 공부 효율이 급속히 저하되고, 1년 이상 장기간 진행하게 되면 앞에서 말한 '어느 도사의 착각'에 빠지게 된다. 상당 기간 공부를 하였지만 정말 실력이 대폭 향상된 상태인지, 아니면 몇 발짝 진행하다가 멈춰 버린 것인지, 본인도 제3자도 알 수 없게 된다. 객관적 평가 없이 공부한 기간만을 계산하여 남들은 엄청나게 실력이 향상되었을 것으로 착각하고, 공부를 한 본인 또한 그렇게 믿고 싶어 한다.

실력이 향상되었는지 안 되었는지는 테스트를 하여 반드시 검증하여야 한다. 우리나라 사람은 간혹 공부한 시간이나 노력한 시간, 또는 연습한 시간을 계산하여 실력이 향상되었을 것으로 추측하는 경향이 있다. 그래서 산 속에서 몇 년 수도 또는 수행을 했다고 하면 대단한 실력을 갖춘 것으로 인정해 주는데, 그 생각은 오류일 가능성이 높다.

물론 그동안의 수행으로 마음의 평정을 얻을 수는 있다. 하지만 단정 지어 말하건대 그런 고독한 수행이나 정진은, 우리가 추구하는 특정한 시험에 합격하기 위한 실력 향상에는 아무런 효과가 없다.

그러므로 소속에서 벗어나 수험공부를 하는 학생이나 고시생은, 불편하고 비용이 들더라도 혼자서 공부하는 것을 피해야 한다. 학원에 필히 등록하여 수강하는 것이 유리하다. 이렇게 말하면 학원을 광고하는 것처럼 들릴지 모르지만, 이 글을 쓰는데 학원에서 보태 준 것도 없으니 그런 염려는 필요 없다. 내가 학원 수강을 권하는 것은, 분할하여 진도를 나갈 수 있기 때문이다. 또한 주기적으로 테스트가 필요하다는 점에서도 학원 수강이 학습이론에 부합하기 때문이다.

학원보다 더 진화한 방법이 스터디 그룹에 참여하거나 이를 운영하는 것이다. 그것은 좀 더 어려운 과정이므로 다시 자세히 설명하겠다.

A라는 학생이 사법시험을 준비하고 있어 "그룹 스터디를 해보면 공부에 도움이 될 것"이라고 말한 적이 있다. A도 시험에 빨리 합격하고 싶은 마음에 그렇게 하겠다고 하였고, 얼마 후에 그룹 스터디를 하게 되었다고 좋아했다. 하지만 계속적인 테스트 결과에도 점수가 영 나오지 않았다.

의아한 마음에 A에게 묻자, 만나서 토론을 하니까 그동안 품었던 시험에 대한 불안도 어느 정도 해소되고, 정보도 교환되는 등 좋은 점은 있었다고 한다. 그렇다면 모의시험 결과가 올라가야 하는데, 정작 그렇지가 못했다. 분명히 그룹 스터디를 하면 성적이 오를 터인데 뭔가 문제가 있었던 것이다.

그래서 필자가 그룹 스터디를 어떻게 하느냐고 물었다. 특정한 장이나 절(chapter) 또는 일정 페이지 분량을 정해 놓고, 그룹 스터디에 참여하는 2~5명이 모여 앉아 그 범위 내에서 서로 의문이 나는 점을 물어보고 토론을 한다고 했다. 이 시점에서 여러분의 생각은 어떠하신가. 나머지를 읽지 말고 이 방법에 어떤 문제점이 있는지 한 번 생각해 보기 바란다.

통상적인 의미에서의 그룹 스터디라면 위와 같은 방법이 맞다. 그룹 스터디 본래의 의미로 본다면, 필자가 고안한 그룹 스터디가 오히려 본래의 의미를 벗어난다고 할 수도 있다. 하지만 시험에 합격하기 위한 그룹 스터디는 본래의 그룹 스터디와는 좀 다르다. 그것을 여기에서 설명하고자 한다.

2~5명으로 구성된 구성원이 모여서 특정한 절 또는 페이지를 정해 놓고 하는 점에서는 A가 실시한 그룹 스터디가 옳다. 그러나 모여서 모르는 부분을 다른 참가자에게 묻고 토론한다는 것은 학술발표나 학술토론에 적합하지, 시험 준비를 위한 그룹 스터디로서는 적합지 않다.

참가자들은 특정한 범위를 공부해 오겠지만, 전혀 부담 없이 참가하게 된다. 틀리더라도 별로 부담을 느끼지 않는다면, 공부의 진전에는 크게 도움이 되지 않는다는 말이다. 모여서 잡담으로 흐른다거나 일부 참가자들을 기다려야 하는 불편이 따르면, 혼자서 하는 것보다 크게 나을 것도 없어진다.

필자가 적용한 방식은 이런 것이다. 공부하기로 약정한 절이나 일정한 페이지로 구분되는 분량을 각자 공부해 오되, 혼자서 풀다가 틀렸거나 답을 맞히기는 했으나 다른 사람들은 아마 모를 것이라고 생각되는 문제를 2~5문제 뽑아 온다. 그런 다음 모두 모였을 때 각자 뽑아 온 문제를 나머지 사람들에게 질문하는 것이다. 스터디를 네 명이 한다고 가정하면, 총 8~20문제를 풀게 되는 것이다. 한 가지 더 분명히 할 것은, 각자가 문제를 만들 필요는 없다는 점이다. 시중에 나와 있는 모든 문제집을 섭렵하여 그중에서 뽑으면 된다.

그렇게 하면 참가자들은 상대방이 풀지 못할 최고 어려운 문제를 뽑기 위하여, 또 그 문제의 핵심을 파악하여 다른 사람에게 설명해 주기 위하여 기본서를 거듭 정독하게 된다. 그리고 다른 사람이 출제하는 문제에 답하기 위해서는, 어떤 문제에도 대응할 수 있는 철저한 이해와 시중 문제집들에 대한 섭렵이 뒤따른다. 공부를 하지 않고는 배길 수가 없게 되는 것이다.

물론 모두가 이 방법에 적응하는 것은 아니다. 어떤 참가자들은 너무 과중한 부담 때문에 포기하기도 한다. 그러나 합격의 영광을 안기 위해서는 이 정도의 시련은 견뎌야 한다. 적은 분량이지만 이런 식으로 매일매일 조금씩 진도를 나가면, 한 달이 지나고 두 달이 지나는 사이 어느 틈엔가 한 과목을 마스터하게 된다.

또한 처음 몇 주간이 힘들 뿐, 날이 갈수록 실력이 나아지는 느낌에 그룹 스터디에 애착을 갖게 된다. 처음에는 회의적이었던 사람조차도 익숙해지니 스스로 스터디 그룹을 조직하여 운영하게 되는 것이다. 여기에도 이론적 배경이 있다. 그 부분은 나중에 다시 설명하겠다.

그룹 스터디가 유용하긴 하지만, 함께 공부할 사람을 모아 지속적으로 스트레스를 받으며 공부하는 그룹을 만들기가 쉽지는 않다. 우선은 참가자들 사이에 큰 실력 차이가 나지 않는 그룹이 되어야하고, 또 그룹 참가자들이 어느 정도 의지력을 갖고 있어야 한다. 매일 나아가야 하는 진도에 맞추어 공부량을 소화하려면 상당한 의지력이 있어야 하는데, 그렇지 못한 사람이 중간에 빠지면 그룹의 운영이 어려워진다. 한두 사람이 빠지게 되면, 다른 참가자들도 구속에서 벗어나고픈 욕구가 강해져 그룹 스터디가 깨질 수 있기 때문이다.

처음 스터디 그룹을 조직하는 사람은 이런 점을 잘 고려하여 참가자들을 선택해야 한다. 너무 어려워할 필요는 없다. 3~6개월 정도만 잘 이끌어 나가면 참가자들 전원이 그룹 스터디의 효용성을 알게 되기 때문이다. 그리하여 간혹 빠지는 사람이 생기더라도 각자 다른 참가자들을 물색해 오거나 남은 사람들만으로 힘차게 전진하기도 한다.

어떤 조직이든 리더가 있기 마련인데, 그룹 스터디도 이를 조직하는 리더의 역할이 매우 중요하다. 그룹 스터디를 하면 참가자들이 결석하는 문제, 서로 공부하고 싶은 부분이 상이한 문제, 참가자들 간의 갈등 등 많은 난관에 봉착한다. 이때 리더가 이를 잘 해결해 주어야 그룹을 오래 유지할 수 있다. 공부에만 전념해야 하는데, 리더이기 때문에 따르는 번거로움이 생기는 것이다.

대신 리더에게는 다른 참가자들이 가지지 못하는 장점이 하나 있다. 일단 스터디 그룹을 만들고 유지하는 능력이 길러졌다면, 리더 자신이 필요한 부분을 골라서 그룹 스터디를 할 수 있다는 점이다. 예컨대 리더가 민법이 약하여 민법에 관하여 더 공부하고 싶다면, 민법을 같이 할 스터디 그룹을 만들면 되는 것이다. 수능이라면, 수학에 약하다고 생각하면 수학을 함께 공부하는 스터디 그룹을 만드는 것과 같다. 리더로서의 능력이 없는 사람은 자기가 공부하고 싶은 과목, 예컨대 상법에 관하여 그룹 스터디를 하고 싶어도 할 수가 없다.

필자의 경우에는 각각 다른 참가자들로 구성된 스터디 그룹을 통상 2~3개씩 운영했다. 필자가 사법시험을 준비할 때에는 시험과목이 많았기에 여러 개의 스터디 그룹이 동시에 돌아가니, 하루 종일 공부와 테스트의 연속이었다. 쉴 틈이 없었지만, 매일매일 전 과목에 걸쳐 진도가 나아가고 있으니, 달리 과목별 신경을 써야 할 필요성이 적어 오히려 기분은 홀가분하였다.

시험에 꼭 합격하고픈 여러분이라면 스스로 스터디 그룹을 조직해 보라. 잘 운영할 수 있다는 자신이 생긴다면, 여러분은 원하는 분야를 마음껏 공부하여 독파할 수 있을 것이다. 그러면 합격의 문 앞에 와 있는 것과 다를 바 없다.

039

확률과 발명 이야기

시험을 공부하는 사람들은 항시 보도나 지난 회의 응시자들로부터 듣게 되는 경쟁률을 염두에 둔다. 20대 1이니 혹은 100대 1이니 하는 식으로 듣게 되는데, 100대 1 정도가 되면 엄청나게 경쟁률이 세서 도저히 넘볼 수 없을 것처럼 느껴진다. 그러나 여러분이 시험을 보지 않고 그냥 장사나 사업을 해서 성공할 확률도 거의 100명 중에 한 명꼴이라 보면 될 것이다. 정확한 통계가 없으니 장담할 수 없으나, 대부분의 사회인들이 느끼는 감으로는 그렇다. 게다가 사업에 성공한 사람이라도 그 성공을 계속 유지할 수 있느냐 하는 것은 또 다른 확률에 기대야 한다.

우리나라 사람이라면 대부분 삼성·현대·엘지 등 대기업은 영원토록 존속할 것이라고 생각한다. 그러나 외국의 통계에 의하면, 실제로 대기업의 평균 수명은 30년에 불과하다고 한다. 그렇게 탄탄해 보이는 대기업이 그렇다면, 중소기업의 경우는 더 말할 필요가 없을 것이다. 눈에는 보이지 않지만 흥망성쇠가 날마다 일어나고 있다. 이와 같은 현상에 비추어 보면, 시험이란 너무 행복한 제도이다.

사법시험에 한 번 합격하면 거의 평생 판·검사 또는 변호사를 할 수 있고, 교원 임용고시에 합격하여 임용된 사람이라면 정년까지 무난하게 보장을 받을 수 있다. 공무원이라면 더 말할 필요가 없다. 그래서 시샘에 가득 차서 '철밥통'이라고 불리는 것이다.

그러한 '철밥통'을 얻는데 그만한 경쟁률은 결코 심하다고 할 수 없다. 필자가 공직에서 물러나 변호사 개업을 할 무렵, 변호사는 자동적으로 변리사 자격도 주어지기 때문에 변리사 업무를 위한 교육을 받으러 간 적이 있다. 변리사 사무장으로 20여 년간 근무한 사람이 도안 그리는 방법을 교육하였다.

교육이 끝나갈 무렵 그 강사에게 "20여 년간 특허 업무를 취급하였는데, 그중에서 히트를 친 발명품이 몇 개나 있었습니까?"라고 물었다. 그런데 놀랍게도 그는 자기가 한 것 중에 히트한 발명품은 기억에 없다고 대답했다.

우리나라도 1년에 수십만 건의 특허가 출원되고 있지만, 그중에 실제로 제품화되는 것은 100건에 10여 건이라고 한다. 제품화되었더라도 호평을 받아 발명가에게 큰 수익을 가져다준 것은 아마 1천 건에 1건 정도도 안 될 것이다. 실제 통계는 내봐야겠지만, 매년 수십만 건씩 출원되는 특허 중에 여러분이 알고 있는 히트상품이 얼마나 되는지 세어 보면 금방 눈치 챌 것이다.

누구도 이러한 통계를 내지 않고 있고, 대략적인 짐작은 하고 있더라도 입 밖에 내지 않는다. 왜냐하면 발명가 전체 중에서 수익을 내는 사람은 몇 명에 불과하고, 대부분의 발명가들은 변리사비·출원비·등록비·연차료 등으로 돈을 뜯기며 가난한 생활을 영위하고 있기 때문이다.

여기서 갑자기 발명 이야기를 하는 것은, 여러분 중에서 창의적인 생각으로 일확천금을 얻을 수 있다고 믿는 사람이 있을지도 몰라서이다. 물론 그런 경우가 분명히 있다. 다만 그 확률이 수천 분의 1 또는 수만 분의 1에 불과하여 여러분이 준비하는 시험의 합격률보다 현저히 낮다는 점을 인식해야 한다.

시험은 창의적인 생각을 요구하지 않는다. 주어진 기본서나 참고서, 문제집을 인내심을 가지고 꾸준히 습득해 나가면 되는 것이다. 이에 비하여 발명이란 창의성이 뛰어난 사람만이 할 수 있고, 그런 사람이 발명을 했다고 하더라도 성공할 확률은 지극히

167

낮다. 그러므로 시험을 준비하는 여러분은 그래도 확률 높은 곳에 투자하고 있다는 자부심을 잃지 말기 바란다.

유명 스포츠 선수, 연예 스타, 발명가 등 뛰어난 성공을 거둔 사람을 바라보며 한탄할 필요가 없을 뿐더러 그러한 것을 추구할 필요도 없다는 뜻이다. 그런 것들을 추구한다면, 여러분은 인생에서 많은 어려움에 봉착하게 될 것이다. 가장 쉬운 방법, 시험에 합격하자. 그것은 바로 성공이기도 하다.

040

공부 직후에 시험을 쳐라

그룹 스터디를 하고, 세분하여 공부를 한다고 하자. 그렇더라도 참가자 한 명이 문제를 내고 다른 참가들이 대답하는 방식, 즉 '문제 내기와 대답하기'를 언제 실시하는가도 그룹 스터디에서 생각해야 할 항목이다.

문제 내기와 대답하기는 인위적으로 간편하게 시험을 치르는 것이라 생각하면 된다. 예컨대 '공부는 오늘' 하고, '문제 내고 답하기는 내일' 하는 식은 바람직하지 않다. 공부를 한 직후에 바로 시험을 치러야 한다. 그룹 스터디에서는 '문제 내고 답하기'를 공부 직후에 해야 한다는 말이다.

이 부분에 관하여서는 슈비체(H. F. Spitze)의 연구가 있다. 초등학교 3,600명을 대상으로 학습 내용의 유지 여부, 즉 실력 향상의 정도를 측정한 것이다. 실험은 공부 직후에 시험을 치르는 집단, 공부 후 하루가 지나 시험을 치르는 집단, 공부 후 63일이 지난 다음에 시험을 치르는 집단으로 나누어 이루어졌다.

다음의 표는 그 결과를 나타내고 있다.

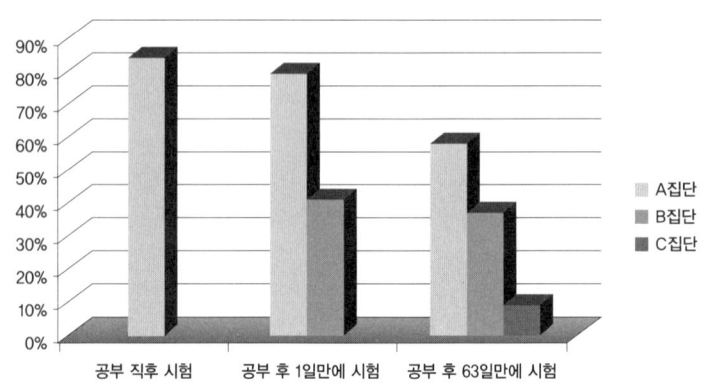

똑같은 공부를 했더라도 직후에 시험을 치르느냐 않느냐에 따라서 63일 후에 이루어진 평가에서는 무려 44%의 실력 차이를 보였다.

매일매일 일정 분량을 쪼개서 다 같이 공부를 하고, 토론이 아니라 간편하게 시험을 치르는 방식으로 그룹 스터디를 운영한 다면 많은 실력 향상을 기대할 수 있다. 이렇게 하면 공부하는 각 참가자들 사이에서 즉시 실력 차이가 판가름 나니까 경쟁심이 유발되어 공부 의욕은 더욱 촉진된다. 그룹 스터디가 토론 방식으로 운영되면, 모두가 부담 없는 상태로 모여 부담 없는 시간을 보내게 된다. 이는 친목 도모와 정보 교환에는 도움이 되겠지만, 실력을 높이는 데는 그다지 도움이 되지 않는다.

이제 이 책을 읽는 독자 여러분께서는 필자가 말하는 그룹 스터디의 방법이 이론적 근거를 갖고 있다는 사실을 알게 되었을 것이다. 학습이론에 바탕을 둔 공부 방법이므로 가능하다면 채용해서 실력 향상을 도모해야 할 것이다.

물론 그룹 스터디를 실제로 해보면 많은 스트레스를 받는다. '문제 내기 답하기' 시간은 다가오는데 주어진 분량을 다 이해하지 못하면 난감하지 않을 수 없다. 우선 다른 참가자들에게 내야 할 문제도 뽑지 못한 경우가 있을 수 있다. 또 문제는 뽑았다고 하더라도, 다른 참가자들이 내는 문제를 풀지 못하여 망신을 당하면 어쩌나 하는 긴장감이 온몸을 감싼다. 그 짓눌림을 이기지 못하여 중도에 포기하는 사람도 있는데, 혼자서 해보아도 뾰족한 방법이 없다는 것을 곧 알게 된다.

이론에 따라 공부해야 한다. 주먹구구식 공부는 점점 케케묵은 방식이 되고, 불합격의 확률을 높일 뿐이다. 1~2년간 강한 압박

감 속에서 살아간다고 각오하고 실력을 쌓아 가면, 그 이후로는 그룹 스터디에 중독되는 현상을 경험하게 된다.

필자와 같이 그룹 스터디를 하여 사법시험을 합격한 어떤 이는, 사법연수원에 들어가서도 그룹을 구성하여 스터디를 하였고, 역시나 좋은 성적을 거두었다.

필자가 고시공부를 할 때의 일이다. 필자도 그때 당시의 풍조에 따라 조용한 산사를 찾아 공부한 적이 있었다. 장기간 절에 머물러 공부한 것은 아니고, 방학 기간을 이용하여 단기간 서너 차례 갔다 온 적이 있다. 그때마다 느낀 건, 절에서 장기간 숙박을 하면서 공부하는 이들이 오히려 공부를 하고 있지 않다는 사실이었다.

몇 번에 걸쳐 고시에 실패하였으니 눈에 불을 켜고 공부를 해야 할 터인데, 이상한 핑계를 만들어 놀거리를 찾았다. 또 서너 명이 어울려 잡담하는 시간을 계속 늘리는 느낌도 들었다. 공부를 한다고 자리에 앉아도 한 시간 정도 공부하고 나면 한숨을 폭폭 쉬는 것이었다.

이러한 경험적인 실례 또한 필자가 혼자 떨어져서 공부하지 말라는 조언을 하는 데 기여하였다. 물론 이것이 필자의 단순한 경험에 의한 것만이라면 사람에 따라 다를 수도 있기 때문에 일반화하는 데는 무리가 있다. 게다가 여러 사람과 함께 공부하는 것을 꺼리는 성향을 가진 경우에는, 나의 경우는 다르다고 고집할 수도 있다. 절에서 공부하는 것과 독서실에서 공부하는 것이 별반 다르지 않으니, 독서실에서 공부하는 사람들의 경우에는 더욱 반발할 것이다.

그래서 학자들의 실험 결과를 소개하지 않을 수 없다. 호프만(A. C. Hoffman)은 30명의 학생들에게 네 시간 계속해서 공부하게 해놓고 전기안구도(electrooculogram)라는 기계를 이용하여 학생들의 눈동자의 움직임을 분석했다. 그 결과, 시간이 흐름에 따라 눈동자의 움직임이 저하하고, 대신 눈의 깜빡임이 증가하며 독서량이 감소하는 것으로 나타났다. 이는 굳이 학자의 연구논문을 인용하지 않더라도 여러분들이 직접 실험해 봐도 쉽게 느낄 수 있을 것이다.

이제 혼자서는 공부 시간을 늘리는 것이 무의미하다는 것을 알았을 것이다. 실제로 공부에 의하여 습득되는 지식이 별로 없다면, 공부 시간의 양만으로는 시험에 대응할 수 없다. 필자가 굳이 그룹 스터디와 같은 방법을 권유하는 데도 그 이론적인 근거가 있다.

카마이클(L. Carmichael)과 디어본(W. F. Dearborn)은 40명의 학생을 대상으로 여섯 시간 계속해서 공부하게 하고, 25페이지를 읽고 난 후에는 간이시험을 치르는 실험을 실시하였다. 그랬더니 호프만이 실험한 눈동자의 움직임 저하 현상이 사라졌다. 즉 주의 집중과 정독이 계속되고 있는 것을 발견한 것이다. 일정량의 공부를 한 후에 시험(테스트)이 없으면, 지속적으로 집중하여 공부할 수 없다는 사실을 명심하자.

절대적 시간이 절대적 효율을 보장하지는 않는다.
당신의 성공은 시간과 효율을 얼마나 잘 조율하느냐에 달려 있다.

공부한 후에 바로 테스트를 한다고 예고하면 공부하는 중에 지속적인 집중이 가능하다는 것은 앞에서 설명했다. 따라서 그룹 스터디의 방식도 모여서 의문이 나는 점을 '토론'하는 것이 아니라, 일정 분량을 공부한 후에 '테스트'하는 형식이라야 공부에 더 열중하게 된다고도 말했다. 이것이 필자가 누누이 스터디 그룹을 조직하여 공부하라고 하는 이유이다.

집중해서 공부를 하면 당연히 실력이 향상될 거라고? 과연 그럴까? 이 점에 관하여 서양의 과학자들이 우리보다는 철저하다는 사실을 알 수 있다. '당연지사'인 사실을 정말로 그런지 의심하며 실험을 실시하는 것이다.

동양 사람들은 많은 선각자들, 예컨대 공자·맹자·노자 등이

한 말을 금과옥조로 여기며 의심 없이 타당하다고 생각하고, 또 현실에 그것을 그대로 적용하고 있다. 당연히 그러리라 생각하고 이를 검증하려고 하지 않는 게 동양 사람들의 특성이다.

그러나 서양 학자들은 '집중해서 공부를 하면 덜 집중해서 공부하는 것보다 당연히 실력이 나을 것이다'라는 사실을 확인하기 위하여 실험을 한다. 필자가 좋아하는 방식이기도 하고, 이 책을 독자 여러분에게 자신 있게 권고하는 이유이기도 하다. 필자는 솔직히 개인적으로 과학적으로 검증되지 않는 방법은 잘 믿지 않는다.

로스코프(Ernst Rothkopf)는 총 159명의 학생을 대상으로 실험을 실시했다. 여러 그룹으로 나누어 통제된 실험을 실시했는데, 복잡한 것은 빼고 핵심적인 것만 골라 소개를 하겠다.

그는 159명의 학생들을 상대로 어떤 책의 한 장을 공부시키며, '일반 학생'에게는 공부가 끝난 다음에 시험을 실시하겠다고만 예고했고, '그룹 A학생'에게는 한 개의 장을 7개의 절로 나누어 각 절이 끝날 때마다 두 개의 질문을 해서 시험을 치르게 했다. 그런 다음 최종적으로는 '일반 학생'과 '그룹 A학생'을 한꺼번에 모아서 전체적으로 평가 시험을 치르게 했다.

그 최종 시험 결과는 다음의 표와 같다. 이와 유사한 실험은 로스코프 외에도 여러 학자들에 의하여 실시되었는데, 동일한 결과가 나왔으니 확립된 이론이라 할 수 있다.

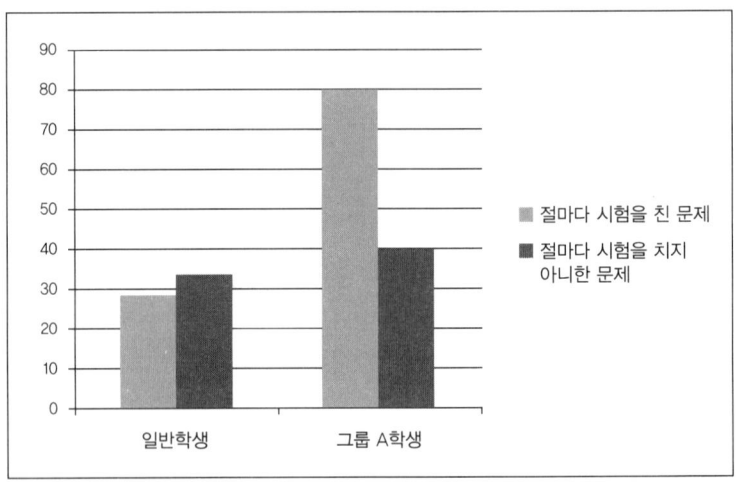

놀랍지 않은가. 공부를 하고 난 다음에 바로 시험을 치는 것과 그렇지 않은 것과는 거의 하늘과 땅 차이로 실력 차이가 나는 것이다. 이러한 것이 반복, 누적된다면 그 실력 차이는 전체적으로 확연히 드러날 것이다.

시험이란 모든 사항을 테스트하는 것이 아니라 주어진 문제에 대하여 얼마나 잘 풀었느냐에 평가하는 것이므로 약간의 운이 따른다. 또 시험 당일의 컨디션이나 시험을 준비하는 과정에서의 환경적 방해 등을 고려해 볼 때, 커트라인이 80점이라면 평소 실력은 85점 이상이 되어야 안심할 수 있다. 그렇게 되려면 위와 같이 적은 분량으로 분할하여—「쪼개서 공부하라」편을 참조— **분할 한 양을 공부한 다음에는 즉시 시험을 쳐서 실력을 향상시켜 야 한다.** 다른 응시자들보다 객관적으로 월등한 실력을 갖추게 된 다면 여러분은 시험을 사랑하게 될 것이다.

이제 필자가 소개한 그룹 스터디의 방법이 과학적 이론과 실 험으로 뒷받침된다는 것을 알았을 것이다. 수험생 여러분은 이 지 식을 잘 활용하여 자신에게 필요한 스터디 그룹을 만들어 계속 정 진해야 할 것이다. 이제 여러분의 합격은 의심할 필요가 없다. 절대 적인 실력이 뒷받침할 테니 말이다.

최근 각종 고시나 취업 시험이 어렵다 보니 젊은 시절에 주식 투자에 관심을 기울이는 청년들이 많다. 게다가 신문에서 주식 투자로 누구는 얼마를 벌었네 하면서 성공 사례를 소개하다 보니, 주식 투자에 빠지는 사람들도 늘어났다. 앞에서 소개한 바가 있는 고승덕 의원도 주식 투자에 매료되었다가 나중에 주식 투자에 관한 책을 여러 권 썼다. 그 책으로는 상당한 돈을 벌었을 것으로 추정되는데, 주식 투자로는 얼마를 벌었는지 본인이 밝히지 않으니 알 수 없다.

　필자는 낚시 이야기를 불규칙적 강화(irregular reinforcement)의 전형적인 예로 소개했고, 여기에 빠지면 중독 현상을 보인다고 했다. 그러나 낚시는 그 반응 속도가 아주 느리다. 가만히 앉아서 고기 한 마리 낚는 데 걸리는 수분 내지 수 시간씩을 참고 기다린다는 게 쉬운 일은 아니다. 낚시의 즐거움에 빠지지 않은 사람에게는 괴로운 작업일 뿐이다.

이에 반하여, 어떤 행위를 한 후에 그 결과가 대부분 손실이 나고 간혹 수익이 나더라도, 빨리 그 결과를 알 수 있을 때 사람들은 쉽게 빠져든다. 물론 일확천금을 노리는 경우도 있겠지만, 전체적으로 보아서 돈을 벌 수 없다는 사실을 뻔히 알면서도 빠져드는 게 도박성 투자 게임이다. 경마, 경륜, 주식 투자 등이 그렇다. 순식간에 결론이 나서 수익과 손실이 판가름 나고, 그 판가름에 본인의 노력이 들어가지 않으니까 쉽게 중독이 된다.

경마나 경륜을 해서 큰돈을 번 사람을 본 적이 있는가? 없을 것이다. 그렇다면 주식 투자는 다를까? 기업에 대한 투자라 생각하고 장기 투자를 하는 사람은 예외겠지만, 주가를 미리 예측하여 단기적인 수익을 올리는 방식으로의 주식 투자는 큰돈을 벌기 어렵다. 주가를 미리 예측할 수 있다면 누가 열심히 노력하여 일하겠는가. 그런 일은 있을 수 없다. 주가는 하느님도 미리 예측할 수 없다는 말도 있지 않은가.

여기서 주식 투자의 논쟁을 하자는 것이 아니다. 무엇이든 빠른 반응은 그 행위를 반복시킨다는 점을 상기시키고자 한 것이다.

공부도 그 결과를 빨리 알 수 있는 프로그램이 있다면 한결 쉬울 것이다. 그러나 안타깝게도 아직까지는 그런 프로그램이 개발되지 않았다. 따라서 이 책을 읽는 독자 여러분은 스터디 그룹을 조직하여 매일 수회에 걸쳐 시험을 치고, 그 결과를 바로 아는 방식으로 실력을 향상시켜야 한다. 혹시 다른 대안을 알고 있는 독자가 있다면 알려 주기 바란다. 이 책을 개정할 때 소개하고 싶다.

044

관료사회와 시험

앞에서 시험 외에 변칙적으로 임용할 수 있는 루트를 만들거나 면접의 점수를 올리면, 외교부에서 일어난 일과 같이 고위층의 자녀들이 특혜를 보는 사례가 발생한다고 언급한 바 있다. 그래서 우리나라에서만은 상당 기간, 시험이 공무원 사회나 자격 전문직에 진출하는 정당하고도 필요불가결한 통과 관문이 될 것이다. 그것은 우리나라가 다른 나라들에 비하여 역사적으로 오랜 기간 중앙집권식 권력 구조를 이어 왔기 때문에 발생한, 어쩔 수 없는 현상이다.

시험에 의해서만 관료를 선발하는 것은 시대에 뒤떨어진 제도일지 모른다. 그러나 우리나라 사람이라면 누구라도 시험이 '승복할 수 있는 합의된 선발 방식'이라는 점에는 별 이견이 없을 것이다. 시대에 뒤떨어졌다고 해서 공정성을 담보할 수 있는 제도적 장치의 마련 없이 다른 제도를 선뜻 도입하다가는 외교부와 같은 꼴이 날 수도 있다. 또 면접에 많은 점수를 배정한 학교는, 졸업 후 면접에 중점을 두지 않는 시험에 많은 합격자를 배출하지 못할 위험 부담을 안게 된다.

그만큼 시험이란, 개인으로서는 직장을 구하고 조직으로서는 새 구성원을 영입하는 데 중요한 역할을 담당하고 있어, 이에 응시하는 사람에게는 좋은 기회가 되고 있다. 그러나 시험이 끝나고 공무원 사회에 들어가면, 그곳에서 승진하여 출세하느냐 아니냐는 시험이 아닌 관료제도의 특성에 의하여 좌우된다.

많은 요소가 있겠지만, 대부분 상사와 쉽게 소통하고 상사의 비위를 잘 맞추는 사람이 결국 승승장구할 가능성이 높다. 이러한 현상은 대기업도 마찬가지인데, 대기업은 사기업이면서 덩치가 워낙 크다 보니 한 개인의 능력은 무시해도 좋을 만큼 전체가 생존의 능력을 갖추고 있다. 따라서 말단에서 진입하는 사원은 상사의 눈에 얼마나 잘 드느냐가 승진의 핵심 요소가 된다.

여기 상사의 비위도 잘 맞추지 못하고 상사나 동료와 잘 어울리지도 못하지만, 개인적인 창의력만은 뛰어난 인재가 있다고 하자. 안타깝게도 그가 관료사회에 적응하여 출세하기는 참으로 어

세상은 때로 우리를 무기력하게 만들 수 있지만,
시험이라는 평가 기준 아래서 우리는 한없이 자유롭고 당당하다.

렵다. 모처럼 낸 아이디어도 중간에 약삭빠른 자에게 가로채이고, 경쟁자로부터 엉뚱한 면에 모함을 받아 간부로 진출하는 데 어려움을 겪게 될 것이다.

왜 시험에 합격하지도 않은 사람에게 합격 후의 상황을 장황하게 설명하느냐고 의문을 제기할 수도 있다. 그러나 이는 시험이란 것이 좋다는 것을, 그러므로 긍정적인 생각을 가지라는 것을 강조하기 위해서이다. 적어도 시험만은 지저분한 일들과 연관 짓지 않아도 되니, 시험을 치를 수 있는 기회가 주어졌다는 것도 행운이다. 그리고 합격한 후에는 승진이나 출세는 운에 맡기고 편안하게 주어진 삶을 영위하면 되기 때문이다.

시험에 합격하여 여러분의 객관적인 능력은 평가 받았으니, 그 나머지는 하늘의 뜻이다. 확률적으로 더 높은 간부로 승진할 수 있는 초석은 다졌으니 행운의 티켓을 거머쥔 것이란 말이다.

045

공부 습관을 강화하는 방법

강화란 선생이나 존경하는 사람이 강화를 받는 수험생 모르게 강화인자(reinforcer)를 적절히 배합하여 부여해 주는 것이 가장 좋다. 하지만 지금 시험을 준비하고 있는 독자 여러분은 이런 강화를 받을 수 있는 위치에 있지 않을 것이며, 그렇게 해줄 마땅한 사람도 없을 것이다. 오로지 자력으로 스스로 강화하는 방법을 찾아야 할 처지이므로 힘든 싸움을 해야 한다.

그 과정에서 제시한 유용한 방법이 ①그룹 스터디를 하는 것이다. 그룹 스터디를 하는 것도 그룹을 조직할 능력이 있는 사람이라면 쉽게 가능한 일이나, 그런 능력도 없는데다 참가자로 참가할 스터디 그룹도 없는 경우는 정말 문제이다.

그런 경우에는 ②학원 강의를 잘 활용해야 한다. 특히 주기적으로 시험을 실시하는 학원을 찾아 등록하고, 부지런히 학원 강의를 따라 진도를 나가는 것이다.

합격을 목표하는 시험이 고수준이고 나의 현재 실력이 그에 미흡하다고 생각되면 ③일단 수준에 맞는 시험을 찾아서 합격의 기쁨을 누려 본다. 아니면 유사한 계열의 시시한 시험이라도 응시하여 합격의 기쁨을 느껴 본다.

이때 유의해야 할 것은, 단기간에 실력을 향상시켜 가능한 시험을 선택하지 말고, 지금 현재의 실력으로 붙을 수 있는 시험을 선택해야 한다는 점이다. 그러한 마땅한 시험이 없으면 수준이 낮은 자격시험을 활용해 보는 것도 나쁘지 않다. 예를 들면 정보처리기사 자격이라든가 한문 급수 시험 같은, 좌우지간 합격할 수 있는 시험을 선택하여 합격하는 습관을 들여야 한다.

수험에 필요한 문제집이나 참고서가 많을 경우에는 ④가장 좋은 책을 골라 '기본서'로 정하고 2회 이상 읽어서 책에 애착을 갖도록 한다. 그리고 그 책을 가지고 ⑤여백이나 메모지를 이용하여 메모를 한다.

일상생활에서 ⑥감상일기 쓰기를 즐긴다. 살아가면서 느끼는, 인간으로서 겪어야 하는 좌절이나 분노 또는 기쁨이나 슬픔을 삭이지 말고 글로써 쏟아 본다. 그러면 여러분은 훨씬 안정된 수험 자세를 가질 수 있을 것이다.

합격을 위하여 다른 것을 희생할 각오가 되어 있다면 ⑦합격에 필요하지 않는 시간 소비는 가능하면 줄인다. 지출도 합격에 필요한 물품, 즉 책이나 필기구 등을 구입하는 데 집중시킨다. 그리고 책과 친근감을 갖기 위해서 ⑧자주 서점에 들른다. 시내에 나갔다면 귀가할 때에는 특별히 사고 싶은 책이 없더라도 서점을 어슬렁거리다가 귀가한다.

특히 불필요하게 시간을 잡아먹는 도박이나 컴퓨터 게임, 주식 투자 등은 절대 도움이 되지 않으므로 ⑨강력한 의지로 도박이나 컴퓨터 게임에 중독되는 일이 없도록 유의한다. 이를 소거하기 위해서는 반복적으로 그런 것에 중독되면 패가망신한다고 머리에 각인한다.

공부가 일정한 수준으로 습관에 이르면 ⑩불규칙적 강화를 응용하여 공부에 중독이 되도록 일상생활을 설계한다. 공부한 내용으로 평가 받기를 바라고, 공부를 대화의 주제로 삼는다.

이 책을 쓰는 데 오랜 시간이 걸렸다. 그 내용이 많아서가 아니라 직업을 갖고 일하는 중에 틈틈이 글을 쓰다 보니 생각보다 시일이 많이 걸린 것이다. 이제 필자의 일은 끝났다. '합격의 비밀'인 공부법(학습법)을 독자 여러분에게 넘겼으니, 남은 것은 독자 여러분이 이 공부법을 잘 익혀서 좋은 결과를 얻는 것이다. 아무리 좋은 공부법이라도 내 것으로 받아들이지 못하고 긍정적인 자세로 활용하지 않으면 도움이 될 수 없다.

　한창 놀기 좋은 젊은 시절, 공부에 많은 시간을 투자했는데도 '합격'이라는 목표를 달성하지 못한다면 억울하기 짝이 없을 것이다. 해서 이 공부법보다 더 좋은 방법이 있다면 필자는 흔쾌히 그 방법을 권할 것이다. 단지 그전에, 그 공부법이 어느 개인의 경험담인지 실험으로 검증된 방법인지를 확인해야 한다. 과학적인 근거가 없는 방법이라면 재고의 여지가 있기 때문이다.

여러분의 귀중한 시간을 타인의 실험 대상으로 낭비해서는 안 된다. 어떤 방법으로든 합격만 한다면 무슨 뒷말이 있겠는가만, 검증되지 않은 방법을 택하여 실패했을 때에는 누구를 원망할 것이며 원망한들 무슨 소용이 있겠는가. 과학적인 학습법으로 공부해도 불합격했다면 그것이야 수준의 문제이고, 또 반추하면서 오류를 정정해 볼 수도 있다. 하지만 비과학적인 학습법이라면, 이후에도 같은 방법으로 계속 공부해야 할지는 생각해 볼 일이다.

이 책에서 제시한 학습이론은 과학적으로 검증이 된 학습법이다. 물론 책에서는 그 과학적 실험 데이터를 전부 소개하지는 않았다. 많은 실험과 그 결과가 있지만, 너무 많은 것을 소개하게 되면 자칫 글이 딱딱해질 수 있어 꼭 필요한 부분만 소개한 것이다. 그러므로 독자들은 여기에서 소개하는 이론을 의심할 필요는 없다. 의심이 든다면 시중에 나와 있는 '학습이론'에 관한 전문서적을 참고해도 좋다. 내가 원하는 것은 여러분들이 '학습이론'에 더 많은 관심을 갖는 것이므로, 여러분의 검증이야말로 내가 원하는 바이다.

지금 이 시각 '합격'을 갈망하며 시험공부에 매달리는 여러분께 한없는 격려를 보낸다. 필자도 그러한 과정을 거치면서 성장했지만, 돌이켜 보면 그 시절이 가장 아름다운 순간이었다는 것을 나이 들면서 더 깨닫게 되었다. 희망이 있고, 열정이 불을 뿜고, 각오가 바위처럼 단단한 생활은 옆에서 바라볼 때에도 아름답게 보인다. 혹시라도 불합격에 힘들어 하는 분이 있더라도 결코 좌절하지 말기를 바란다.

여러분이 초라하게 보이는 것은, 그 시험을 포기할 때와 비과학적인 방법에 무작정 매달리고 있을 때뿐이다. 여러분이 올바르고 과학적인 방법으로 공부에 매진하고 있다면, 여러분의 현재 옷차림이 어떤지, 애인이 있는지 없는지, 남들이 우습게 보는지 따위는 결코 여러분을 퇴색시키지 못한다. 여러분들에게는 꿈이 있고, 가능성이 있고, 훌륭한 무기(학습법)가 있기 때문이다.

이제 내가 갈망하는 것은, 여러분들이 이 책으로 올바른 학습법을 터득하여 합격의 영광을 차지하는 것이다. 여러분들의 합격은 바로 나의 합격이기도 하다. 여러분들께 진심으로 합격의 영광이 함께 하길 빌면서 이 비밀을 바친다.